JOHN D. NUGENT

NERVOS, PREOCUPAÇÕES E DEPRESSÃO

4ª edição

Tradução

São Paulo
2023

Título original
Nevers, worry and depression

Copyright © 1992 by John D. Nugent

Capa
Provazi Design

Dados Internacionais de Catalogação na Publicação (CIP)

Nugent, John D.
Nervos, preocupações e depressão / John D. Nugent; tradução
de Henrique Elfes — 4ª ed. — São Paulo: Quadrante, 2023.

ISBN: 978-85-7465-528-4

1. Depressão (Psicologia) 2. Psicologia religiosa 3. Vida cristã
4. Ascese I. Título

CDD-200.19

Índice para catálogo sistemático:
1. Depressão : Psicologia religiosa 200.19

Todos os direitos reservados a
QUADRANTE EDITORA
Rua Bernardo da Veiga, 47 - Tel.: 3873-2270
CEP 01252-020 - São Paulo - SP
www.quadrante.com.br / atendimento@quadrante.com.br

SUMÁRIO

NOTA EDITORIAL.................................... 5
CONHECENDO-NOS A NÓS MESMOS..... 9
AS REALIDADES BÁSICAS........................ 21
CRESCENDO PARA CIMA: DEUS............... 47
CRESCENDO PARA DENTRO:
   EU MESMO 75
CRESCENDO PARA FORA: OS NOSSOS
   COLEGAS DE HUMANIDADE................. 91
UNINDO AS PEÇAS SOLTAS...................... 107
AS NOVAS ATITUDES 123
NÃO COMPLIQUE...................................... 137
REPRISE: «TOCA DE NOVO, SAM» 149

NOTA EDITORIAL

«*Apesar de não ser propriamente espiritual, é inteiramente positivo*», escrevia-nos o editor irlandês deste caderno, na carta em que oferecia os direitos para a língua portuguesa. Seria difícil encontrar expressão melhor para caracterizar estas páginas, escritas por alguém que sofreu durante muito tempo de depressões clínicas, mas conseguiu superá-las à força de enfrentar ativamente os seus problemas e as suas dúvidas, que na verdade são os problemas e as dúvidas de muita gente.

Nesta obra surpreendente pela vivacidade, clareza e calor humano, misturam-se inúmeros conselhos do mais legítimo senso comum com algumas das ideias centrais do cristianismo. A filiação divina, a íntima fragilidade do homem como resultado das sequelas do pecado original e a possibilidade de redimi-la mediante um abandono ativo nas mãos de Deus, o original desígnio divino que destinou *o homem a ser feliz não somente no céu, mas já neste mundo, a fraternidade baseada em que todos somos filhos do mesmo Pai, tudo isso vem exposto, por assim dizer, «de fora», por alguém que não parte do ponto de vista da compreensão católica e universal do mundo, mas que vem do exterior, da* região longínqua do pessimismo.

Com efeito, quando não tem causas orgânicas, a tendência ao negativismo, e consequentemente à melancolia, apatia ou depressão, parece derivar de uma atitude até certo ponto pagã, ou mais propriamente de uma compreensão insuficiente do cristianismo, mais em concreto da doutrina da Redenção. Essa espécie de cegueira interior que toma conta da pessoa supera-se, porém, quando há docilidade, isto é, a disposição de aprender mais, de compreender o que Deus quis dizer-nos através dessas mesmas circunstâncias particulares vistas à luz da Revelação divina.

Muitas vezes, olhar um objeto a que estamos acostumados de um novo ângulo ajuda-nos a descobrir com mais força o seu significado original. O mesmo se passa aqui, pois nestas páginas redescobrimos, justamente por nascerem de quem era tendencialmente depressivo, a imensa carga curativa, purificadora e alegre do cristianismo, em que se manifesta a ação do Médico divino.

Por isso, este livro não se destina somente a quem sofra de qualquer perturbação psíquica de ordem orgânica, apesar de talvez poder ajudar essas pessoas; também não corresponde apenas a uma exigência conjuntural, num momento em que o tema da sociedade «neurotizante» está na ordem do dia; pelo contrário, pode fazer bem a qualquer um de nós, na medida em que, «de médico e de louco, todo o mundo tem um pouco»...

A alta velocidade de exposição, o acúmulo de imagens e o tom às vezes demasiado desinibido e um pouco dogmatizante do autor não serão obstáculo para aprendermos com ele; basta termos em conta que está a sublinhar algumas verdades apenas, as necessárias para superarmos eventuais tendências à melancolia, e não expondo o conjunto total da Verdade cristã, que é muito mais ampla e rica de matizes. Feita esta pequena ressalva, poderemos desfrutar inteiramente, junto com o autor, destas páginas alegres e refrescantes.

CONHECENDO-NOS
A NÓS MESMOS

Se não estamos contentes com a nossa vida, é porque há algo de errado conosco. Se nos sentimos miseráveis, é porque há algo de muito errado. A vida foi projetada para ser qualquer coisa de vibrante e cheia de alegria, e se não formamos outra ideia dela que não a de um fardo que tem de ser arrastado dia após dia, o problema está em nós. É verdade que existe uma teologia amarga, segundo a qual a vida não passa de um período de provações num vale de lágrimas, mas acreditar nisso — ou deixar de fazê-lo — depende somente de nós mesmos. A maioria das pessoas é tão feliz quanto decide ser.

Se você tomou nas mãos este livro movido por algo mais do que um interesse passageiro, é bastante provável que não esteja desfrutando inteiramente da sua vida. Se se interessou em ler um livro que fala de nervos, preocupações e depressão, com toda a certeza está sofrendo mais do que tem consciência. Mas a vida não precisa ser assim. A felicidade e a paz de espírito constituem o estado mais natural do ser humano; chegam a ser um direito de nascença. Infelizmente, porém, um dos aspectos menos afortunados da vida é justamente o fato de sermos capazes de dilapidar essa herança, e se isso já tiver acontecido, teremos de tomar providências a fim de reconquistá-la. Este livro propõe-se a mostrar-lhe como fazê-lo e como transformar a sua vida numa experiência maravilhosa. No caso de você estar passando por uns maus momentos, essa pretensão poderá parecer-lhe demasiado ousada; mas só para que você veja que ambos jogamos no mesmo time, permita que lhe diga umas poucas palavras sobre mim mesmo.

Durante mais de vinte anos, sofri de depressões clínicas. Em certa ocasião, os ataques chegaram a ser muito graves, beirando o pesadelo; foram necessárias tantas internações que alugar uma vaga permanente no hospital chegou a parecer-me um bom investimento... Apesar de eu ter recebido muita ajuda de profissionais dedicados, foi somente depois de decidir-me a mudar determinadas atitudes e de passar a viver segundo certos princípios que a cura começou a realizar-se efetivamente. O fato de estar vivo, que antes constituía uma experiência amarga, passou a ser algo que hoje me delicia. Isto não significa que não sofra pequenas recaídas de vez em quando, mas aceito-as de modo pragmático: sou humano, e tenho de prever e de aceitar as ocasionais armadilhas e flechadas do destino adverso. O ponto central é que, graças ao que me ensinaram, consigo sobrepor-me a esses períodos difíceis e voltar a desfrutar da vida. Este livro descreve os passos que tornaram possível a mudança.

Agora gostaria de dizer-lhe também umas palavras sobre você mesmo, umas palavras que — tenho a certeza — você vem esquecendo. Mais do que qualquer outra coisa, você é um lutador, uma pessoa que diz «posso fazer isto». Se não fosse assim, certamente não abriria um livro como este. Você não se limita a ficar sentado e a não fazer nada. Nem todo o mundo está preparado para trabalhar pela própria felicidade, mas você é diferente. Você não desistiu. Está tentando tomar providências a respeito da sua situação, pouco importando o quanto lhe poderá custar. Quer tenha consciência disso, quer não, existe no centro do seu coração toda essa maravilhosa coragem, essa íntima tenacidade que leva um pugilista profissional a levantar-se e a retomar a luta todas as vezes que vai à lona. Os verdadeiros profissionais não são aqueles que nunca são postos a nocaute, mas aqueles que continuam a levantar-se mesmo quando a intensidade da sua dor está gritando: «Jogue a toalha!»

Talvez estas palavras o ajudem, talvez não; você é o único que pode decidir. Mas posso garantir-lhe que, cedo ou tarde, aconteça o que acontecer, você vencerá; basta continuar tentando. Para falar com franqueza, admiro as pessoas dispostas a lutar, e o simples fato de saber que há gente tão exposta à intempérie quanto eu ajuda-me a firmar de novo os pés no chão quando sou jogado na lona. Se você pode vencer, eu também posso. E se eu posso vencer, você também pode.

É por estas razões que gostaria de que você e eu encarássemos este livro não como uma lição ministrada por um professor ao seu aluno, mas como uma empreitada comum entre colegas de sofrimento. É importante para nós dois que seja assim. Hoje em dia, todo o mundo sabe que é benéfico para os pacientes de uma mesma doença fazerem causa comum, pois desta forma ocorre entre eles uma certa interação terapêutica favorável a todos, que por vezes chega a ser bastante surpreendente, apesar de ainda não estar inteiramente explicada em termos médicos. Em outras palavras, você e eu temos muito a ganhar se percorrermos estas páginas juntos, e sei por experiência que ambos chegaremos ao fim como pessoas mais felizes e melhores.

Sejam quais forem os problemas que tenhamos, podemos tomar uma de duas providências a seu respeito. Podemos *viver no problema* ou *viver na solução*. Viver no problema significa darmos voltas às nossas depressões e ansiedades, contarmos uns aos outros como são terríveis e, pior ainda, alimentarmos uns pelos outros uma espúria compaixão, a qual sei muito bem que não funciona porque lancei mão dela por demasiado tempo. Viver na solução significa achar a saída e pôr em prática os meios que conduzem à cura e à felicidade, fazendo com que os problemas desapareçam. Eu sei, para além de qualquer discussão, que é assim que as coisas funcionam, não somente porque fiz a experiência, mas porque sou amigo íntimo de inúmeras pessoas que descobriram a mesma coisa.

Por esta razão, já não me interessam as teorias e terapias que fui respigando em obras lidas pela metade e compreendidas em menos de uma quarta parte. Só estou interessado naquilo que *funciona* e, para falar com toda a franqueza, não me interessa absolutamente nada saber por que funciona. Se determinado conselho resolve a questão, não tento aperfeiçoá-lo nem perco o meu tempo perguntando por quê. Tudo se torna mais simples assim. Se uma unidade individual de equipamento de remoção de terra propelida mediante esforços físicos do usuário chama-se «pá», por que deveríamos dar-lhe outro nome?

Os princípios simples do bem-estar e da paz de espírito que encontraremos nestas páginas não foram inventados por mim, fato que sempre procurarei admitir com uma candura totalmente desprovida de rubores. São tão velhos como o tempo, mas por alguma extraordinária razão nem todos os conhecem. A única «pretensão» que tenho é de tê-los posto em sequência e depois datilografado. Mas gostaria de enfatizar especialmente a importância desses princípios. Por graça de Deus, pela ajuda dos amigos e pelo seu esforço pessoal, todas as pessoas obsessionadas que conheço e que têm procurado viver de acordo com as verdades que aqui se expõem passaram pouco a pouco a sentir-se extremamente felizes e realizadas, a ter paz de espírito com razoável constância, e a experimentar uma alegria de viver que parece pouco usual no mundo de hoje. Como você descobrirá, a verdadeira alegria às vezes consiste em estar alegre *sem qualquer razão*, e até apesar de inúmeras razões em contrário.

Este mesmo milagre acontecerá com você na medida em que estiver determinado a pôr em prática estes princípios de maneira equilibrada e perseverante. Os únicos requisitos exigidos são, primeiro, a disposição de tentar, depois uma postura mental suficientemente aberta para tomar em consideração ideias novas, e por fim a determinação de eliminar alguns hábitos muito arraigados. Se você se atreve a chegar até este ponto, a sua experiência acabará por convencê-lo da verdade das afirmações que aqui se fazem de maneira muito mais completa do que qualquer coisa que eu pudesse escrever. Portanto, não gastaremos muito tempo argumentando a respeito do assunto; você o experimentará por si mesmo.

Infelizmente, é bastante verdadeira a observação de Thoreau de que a maioria dos homens leva uma vida de *silencioso desespero*. E é verdadeira não porque tenha de sê-lo, mas porque as pessoas simplesmente *não tentam* superar esse estado. A paz de espírito não é algo que se possua naturalmente. Não é fácil de adquirir, e exige empenho para ser retida; mas, uma vez vislumbrada, vale qualquer esforço no sentido de conquistá-la e defendê-la. Por outro lado, essa paz não depende de que dominemos determinados conceitos mediante um exercício do intelecto; alcançamo-la e permanecemos nela, não somente através das coisas que *sabemos*, mas através das coisas que *fazemos*. É um problema de *fazer*, de um fazer diário exercido ao longo de toda a vida.

Esta palavra — *fazer* — é o segredo de todo o sistema. Não há livro ou terapia que trabalhe por nós se não tomamos a decisão ativa de fazer o que temos de fazer; aliás, tenho de confessar que já experimentei todas as opções mais fáceis sem chegar a lugar algum. Essa palavra é tão importante que, ao longo de todas as linhas que escrevermos, ressoará com a monotonia de um sino que dobra. Mas, se não estivermos dispostos a *fazer,* é melhor não sabermos por quem esses sinos dobram...

Vez por outra, descobriremos que estamos falando de coisas espirituais. Não se assuste. Este não é um «livro de religião», mas nada do que se diz aqui pode estar em conflito com a religião.

Noutros momentos, você poderá acusar-me de estar repetindo conceitos. É que a verdade, a verdade essencial, é tão absolutamente simples que muitas vezes não a percebemos à primeira vista. Um bom músico de jazz semeia o seu tema central com arpejos repetitivos, até que o ritmo e o sentido daquilo que está tocando impregnam o nosso ser e acabam por dominá-lo; é isto o que nos leva a balançar o corpo e a tamborilar com os dedos. Essas repetições, portanto, são importantes, porque algumas das verdades elementares que veremos parecem-me tão preciosas que não ousaria pô-las em risco deixando de sublinhá-las suficientemente, como nenhum tocador de jazz arriscaria o seu tema deixando de lhe dar o contraponto suficiente.

Por outro lado, se tivermos passado demasiado tempo cantando melancólicos *blues,* será bom que mudemos de ritmo e aceleremos o andamento. E como este livro também diz coisas divertidas, você descobrirá aqui que alguns aspectos da vida são demasiado sérios para serem levados a sério. Portanto, se ocasionalmente você perceber um sorriso a insinuar-se na sua fisionomia, deixe-o onde está. É assim que — digo-o com toda a certeza — o nosso Criador quis que vivêssemos.

Outro aspecto importante consiste em que lancemos para fora do avião o excesso de peso. A maior parte do tempo, estaremos voando acima das nuvens, lá no alto, onde o sol brilha o tempo todo e onde as próprias aves não conseguem chegar. O medo, a dúvida, o preconceito e o pessimismo quanto às nossas possibilidades de lá chegar constituem esse excesso de bagagem que nos puxa para baixo e nos impede de decolar. Deixemos de lado as reservas, as imaginações e os questionamentos obsessivos, e decolemos. Parte do problema que afeta gente como você e como eu é que pensamos demais, não nos soltamos e criamos tragédias imensas em torno de cada detalhe. Não é um modo livre nem bem-humorado de se viver. Neste voo, pelo contrário, temos de apertar bem o cinto, soltar o freio e deixar acontecer.

Por fim, tenhamos sempre em conta que inúmeros milagres só se realizam graças à cooperação do ser humano. É como na história de certa pessoa que comprou uma casa e descobriu que o jardim estava repleto de mato e de espinhos, além de uma abundante florada de latas de cerveja vazias que aparecia por entre o capim ralo. Pôs-se então a trabalhar, limpando as ervas, revolvendo o solo e voltando a semear o gramado; depois dispôs belos canteiros de flores e plantou-os até à borda com arbustos e folhagens que tudo encheram com o seu colorido. Uma piedosa senhora que passava pela rua parou para admirar o jardim e exclamou: «Que coisas bonitas Deus faz!» O dono da casa lançou-lhe um olhar agudo e limitou-se a responder com um sorriso: «A senhora deveria ter visto que aspecto tinha quando era Ele quem cuidava disto sozinho»...

AS REALIDADES BÁSICAS

Se vamos passar a viver na solução, isto é, a desfrutar da vida como devemos, é hora de começarmos a encarar de frente algumas realidades básicas, alguns aspectos centrais da nossa personalidade e da nossa vida. — Realidade número um: somos humanos. Certamente não será um grande choque para nós descobri-lo, mas sabemos realmente o que significa «ser humano»? E, se o sabemos, será que o aceitamos? Saber algo e aceitá-lo não é a mesma coisa. — Realidade número dois: temos que viver a vida. Também o sabemos; mas já pensamos até ao fim, e aceitamos, o que significa «viver como um ser humano»?

Ao afirmar que somos humanos, estamos no fundo exprimindo mais verdades acerca de nós mesmos do que pensávamos. Assim, estamos dizendo que:

1. *Somos limitados*, estamos inclinados a errar e temos de aprender a viver baseados

somente numas poucas certezas. Ou seja, é normal e humano ter defeitos de caráter, e isso não quer dizer que não tentemos melhorar; quer dizer que não há nada de errado em descobrir limitações pessoais em nós mesmos. É normal e humano cometer erros e «fazer tudo malfeito» de tempos a tempos; por mais que procuremos consertar as nossas trapalhadas, iremos à lona de vez em quando. É normal e humano não conhecer todas as respostas, e sentir-se cheio de dúvidas e inseguro. Será que somos capazes de aceitar tudo isto, de aceitá-lo no fundo do nosso coração, não somente nas nossas cabeças?

2. *Sempre estaremos incompletos*, pois somos viajantes. Nenhum de nós está «pronto», mas todos temos uma capacidade extraordinária de crescer e de mudar. Sentimo-nos à vontade conosco, mesmo sabendo que tão cedo não seremos capazes de juntar todas as peças do quebra-cabeça e que sempre teremos de continuar a crescer?

3. *Não podemos fazer tudo sozinhos*, sem a ajuda dos nossos companheiros de viagem. Fora de Hollywood, não existem homens inteiramente autônomos e dotados de nervos de aço. Portanto, não é mau dependermos,

em saudável medida, das pessoas que nos cercam, ou vermo-nos obrigados a pedir-lhes que nos tirem das confusões em que nos metemos, ou precisarmos de uns bons conselhos. Aceitamos também esta realidade?

4. Por fim, há qualquer coisa no nosso coração que anseia pelo Bem, com maiúscula. Portanto, é absolutamente humano perguntarmo-nos o que acontece «lá em cima», e esforçarmo-nos por lá chegar a fim de descobrirmos como é.

«Ser humano» significa todas essas coisas; são regras que se aplicam a nós e a cada um dos homens que já caminharam alguma vez sobre a superfície deste planeta. Ora bem, somos nós sinceramente capazes de olhar-nos a nós mesmos sob esses pontos de vista, e depois disso continuarmos a afirmar que é muito bom sermos humanos? Enquanto não abraçarmos todos estes fatos em conjunto, e os enxergarmos como realidades plenamente humanas e normais, não poderemos afirmar que sabemos o que significa ser homem. Talvez seja este o primeiro esforço que tenhamos de levar a cabo: recordar uma e outra vez esses pontos, até que nos sintamos inteiramente à vontade sendo o que somos.

Passemos agora à segunda realidade: a vida propriamente dita. Será que realmente sabemos e aceitamos o que a vida traz consigo?

1. *A vida não é justa.* Como ela não leu o regulamento internacional de boxe, desferir-nos-á golpes abaixo da linha da cintura e nos meterá o dedão no olho, pouco lhe importando se o juiz percebe ou não. Não o fará a todo momento, é evidente, mas sim com a frequência suficiente para não nos esquecermos de que nos encontramos no ringue.

2. *A virtude geralmente não encontra recompensa neste mundo.* As pessoas que tentam ser «boazinhas» a fim de sair-se bem na vida acabam amargamente desapontadas.

3. *A vida não para.* Segue adiante, passando de uma situação ainda não resolvida para outra por resolver, num turbilhão de aparentes contradições. Sempre que você tiver a impressão de que finalmente conseguiu encaixar todas as peças da vida no seu devido lugar, ela virará a mesa.

4. *A vida é um mistério* a ser vivido, amado, desfrutado, e no qual devemos exultar, não um problema a ser resolvido. Os mistérios

não existem para serem resolvidos, apesar de uns quantos trapaceiros dizerem o contrário.

Muito bem, esta é a vida. Aceitamo-la como é? Entendemos, no fundo do nosso coração, que ela não vai redigir um contrato com cláusulas especiais para nós, não vai recuar, nem dispor-se a negociar, nem ir-se embora? Talvez nos custe um pouco acomodar-nos a essas realidades; a mim, pelo menos, custou-me. Pensava que esses termos eram muito pouco satisfatórios; e tinha razão.

Acrescentemos agora às realidades próprias do ser humano as realidades próprias da vida, e obteremos aquilo que o filósofo, conversando lá com o seu cachimbo, chama «a condição humana». É esta grandiosa e sofisticada expressão que mantém os poetas e os filósofos acordados durante noites inteiras e faz com que os jovens dediquem horas e mais horas a conversar pelos bares à busca de um remédio para ela. Ora, é justamente porque buscam essa solução que têm de voltar a buscá-la noite após noite.

Suponhamos por um momento que você não soubesse destas coisas, ou que as soubesse pela metade, mas não as encarasse de frente: que aconteceria então?

1. Se não conseguirmos aceitar que não sabemos todas as respostas e que temos de continuar a viver com dúvidas, teremos um medo enorme de cometer erros e nos transformaremos em paralíticos que se limitam a esperar até terem todas as garantias.

2. Se não conseguirmos aceitar que somos incompletos, odiar-nos-emos a nós próprios por não sermos perfeitos; e se não levarmos em conta que somos capazes de mudar e de crescer, atolar-nos-emos na crença de que «é assim que eu sou, e não posso fazer nada a respeito disso».

3. Se não pudermos aceitar que precisamos dos outros, trancafiar-nos-emos num isolamento orgulhoso e seremos incapazes de pedir ajuda quando necessitarmos dela. Infelizmente, a vida por trás dessa muralha construída por nós mesmos tornar-se-á assustadoramente solitária.

4. Se não formos capazes de esticar-nos pessoalmente na direção das estrelas ou de tomar um foguete rumo ao céu, a fim de verificarmos *in loco* o que acontece lá em cima, ver-nos-emos obrigados a escolher alguma crença de segunda mão que não diz respeito à nossa experiência viva, ou teremos de resignar-nos com o solo estéril do

materialismo, condenando-nos a não conhecer nunca a alegria.

5. Se não pudermos aceitar que a vida por vezes é injusta, continuaremos a bradar «falta!», enquanto ela ri de nós e torna a fazer o mesmo; além disso, deixar-nos-emos corroer por um profundo sentido de injustiça e de autocompaixão.

6. Se pensarmos que a virtude acabará sempre por ser recompensada, encheremos a nossa cabeça com ideias pouco amadurecidas sobre os nossos «méritos», as nossas «justas aspirações», os nossos «direitos» etc., coisas que qualquer pessoa sensata extirpa do seu pensamento. A vida pagou a dívida que tinha conosco no dia em que nascemos; daí para a frente, o problema está nas nossas mãos.

7. Se não nos sentirmos à vontade envoltos no mistério, nunca chegaremos a conhecer a alegria da admiração nem a emoção do jogo, e nos encolheremos na perplexidade e no desconcerto simplesmente por não sermos capazes de resolver pessoalmente todas as questões.

A condição humana — essa mistura louca entre «ser humano» e «viver a vida» —

é pura e simplesmente *a realidade*. Não perdoa ninguém. É como é. Se não formos capazes de conviver com ela, estaremos sendo, em maior ou menor grau, temperamentos *neuróticos,* para usar uma palavra demasiado manuseada e que simplesmente vem a dizer que não estamos afinados com a realidade e com aquilo que nos cerca.

Mas esqueçamos o jargão científico e olhemos para as terríveis consequências que semelhante atitude tem na vida diária. A pessoa encontra-se paralisada pela dúvida e pelo temor de cometer erros (medo e ansiedade), e desgostosa consigo própria por causa do que é (ódio de si mesma); é incapaz de tomar conhecimento da sua capacidade de mudança (está desprovida de esperança); não ousa apoiar-se nos outros (sente-se isolada e só); considera-se sentenciada a arrastar-se dia após dia num mundo louco e sem sentido, imersa num nada desprovido de qualquer propósito (tendência ao suicídio). Em que livro-texto de medicina poderíamos encontrar uma descrição mais precisa da depressão e da ansiedade?

As pessoas como nós, inclinadas às depressões, ansiedades, medos e preocupações, costumam ter a tendência de colocar os seus padrões internos muito acima das limitações da condição humana. Impomo-nos exigências que o ser humano nunca foi projetado para suportar e exigimos de nós mesmos uma perfeição absoluta, a capacidade de não cometer erros e de fazer todas as coisas benfeitas. Sentimos uma pressão constante que vem do nosso íntimo, mas, por sermos humanos, jamais estaremos à altura dessas exigências impossíveis e, quando falharmos, sentir-nos-emos compelidos a arrasar-nos mediante a autoirrisão, acabando por cair em estados depressivos.

Encontramo-nos assim no meio de um vórtice terrível, diante de uma sentença ditada sem misericórdia alguma... por nós mesmos. Nada do que realizamos é suficientemente bom aos nossos olhos. Sempre temos, a roer-nos por dentro, a impressão de que deveríamos ter obtido resultados melhores. Enquanto não aceitarmos, numa medida razoável, a nossa condição humana, enquanto não nos «despendurarmos do gancho», seremos incapazes de alcançar a liberdade interior própria das pessoas felizes.

Ora bem, o núcleo desta atitude é que começamos por debater-nos com a questão errada. Perguntamo-nos: «Onde foi que eu errei?», que é o mesmo que viver no problema. Como veremos, um exame de nosso passado será útil, mas não neste momento. Se me estou afundando num mar de autocompaixão, o que menos importa é saber como foi que cheguei ali: se fui empurrado ou se pulei para dentro por iniciativa própria. Pode ser que tenha sido privado do meu patinho de borracha na infância, ou que tenha alimentado desejos sexuais reprimidos por Chapeuzinho Vermelho; pouco importa. O que interessa é que, neste momento, estou aqui e me estou afundando, e tenho portanto um único desafio a enfrentar: sair daqui. Para isso, tal como acontece com todos os problemas humanos, preciso enfrentar a única questão que realmente vem ao caso: «Que providências pretendo tomar?» Qualquer situação, abandonada a si mesma, pode piorar ou ser piorada, mas nunca melhorar: só pode *ser melhorada*. É a diferença entre ser passivo e ser ativo. Ser passivo significa «deixar o barco correr»; ser ativo significa somente isto: «fazer».

Chegou, porém, a hora de aplicarmos uma maciça injeção de esperança a estas considerações. Descobrimos já, entre as realidades da nossa condição humana, dois elementos reconfortantes. Em primeiro lugar, a afirmação de que a pessoa humana é capaz de transformar-se e de crescer de modo quase inacreditável; em segundo, a certeza de que a vida está projetada para ser uma experiência acalentadora e empolgante. Estas afirmações são muito mais do que simples teorias; são fatos, a tal ponto que a nossa atitude diante da realidade se tornará insegura e neurótica na medida em que duvidemos deles ou deixemos de neles acreditar.

Em suma, é o momento de nos agarrarmos a essas boas notícias com a mesma firmeza com que nos agarramos às más. Não estamos condenados a permanecer tal como somos; podemos mudar. Esta afirmação talvez não nos encha de esperança: estamos tentando mudar há anos sem qualquer resultado. Mas desta vez é diferente, pois estamos lançando mão de métodos que vêm sendo testados e experimentados há séculos em todo o mundo, e que vêm realizando transformações inacreditáveis em pessoas com dificuldades muito maiores do que as nossas. Venceremos. A felicidade é nosso direito de nascença, e a promessa de que podemos encontrar paz e plenitude nas nossas vidas não é simples teoria, mas a intenção primária do mesmo Criador que estabeleceu a condição humana.

Quando nos encontramos num estado mental negativo, estas esperanças fundamentais têm de constituir a base da nossa transformação, levando-nos a rejeitar definitivamente a ideia de que a vida está projetada para ser uma experiência de sofrimento; se alguém quiser continuar a acreditar nisso, o problema é dele, mas as consequências também...

Convém tratarmos, neste ponto, de uma ou duas considerações marginais, antes de prosseguirmos.

E as outras pessoas? Onde é que se encaixam nos nossos planos por melhorar? Que contribuição pode trazer, para o nosso bem-estar interior, o relacionamento com os outros?

Será que já reparamos que a autocompaixão é *circular* e a felicidade é *vertical*? Se nos parecer que esta afirmação não passa de uma bela figura de linguagem, bastará que observemos como se senta uma pessoa que tem problemas: abaixa a cabeça, apoia o queixo no dorso da mão, encurva as costas e, normalmente, puxa para cima os joelhos a fim de suportar o cotovelo. Está absorvida em si mesma. Circular.

Por contraste, observemos a expressão corporal de um pugilista que acaba de ganhar o título ou de um jogador de futebol que acaba de estufar a rede. Os braços estão levantados ao alto, e o corpo inteiro literalmente dá pulos de alegria, esticando-se e desferindo golpes no ar. Vertical.

Para dizê-lo de outra maneira: quem se estica para fora de si mesmo consegue romper o ciclo da autocompaixão. Estar interessado nos outros é a melhor maneira de perdermos o interesse pela nossa própria miséria.

Em primeiro lugar, estão as pessoas com quem convivemos, os membros da nossa família. As depressões de qualquer tipo podem ter consequências muito dolorosas para os outros; a auto-obsessão e o afastamento dos outros, esses sintomas clássicos da depressão e das preocupações, podem desfazer casamentos, levar empresas à falência e causar lamentáveis rompimentos entre amigos e namorados. Nenhum de nós tem obrigação de afetar um falso heroísmo ou de negar que sofreu bastante, mas todos temos de reconhecer quantos sofrimentos a nossa doença vem causando aos que nos cercam. As pessoas doentes podem deixar doentes os outros.

Esta realidade desagradável não é culpa nossa: não escolhemos a tendência à melancolia nem somos responsáveis pelo fato de ela nos ter acometido, sejam quais forem as consequências que acarrete para os outros. Mas pesa sobre nós a onerosa responsabilidade não só de nos recuperarmos em benefício próprio, mas de criarmos para aqueles cuja vida se entrelaça com a nossa uma vida melhor e mais feliz do que a que vêm levando. Aliás, este é o núcleo do que estamos falando: não se trata somente de desfrutarmos do benefício negativo de nos encontrarmos livres da dor, mas do benefício positivo de criarmos uma vida renovada para nós mesmos e para aqueles a quem amamos. Se pudermos motivar-nos em prol dos outros, a auto-obsessão inerente à depressão, bem como os seus feios irmãos gêmeos — o medo e a ansiedade —, desabarão por si mesmos.

Há muito mais por trás disso. Na época em que tinha menos bom senso, muitas vezes me perguntava a respeito do mistério do sofrimento. (Pensar em demasia é como fumar na cama — muito perigoso —, mas quando não se tem nada melhor para fazer do que ficar de pé com as mãos nos bolsos e olhar pela janela, pelo menos ajuda a passar o tempo.) Em primeiro lugar, por que tinha de ser eu o escolhido para padecer de uma doença cruel? Hoje respondo com certa candura: não sei. Mas tenho uma opinião a este respeito, que para mim, ao menos, faz sentido, e é que essas cargas nos foram impostas não para as suportarmos como mártires e passarmos mal, mas para lhes darmos a volta, utilizando-as como trampolim para aliviar a vida de outras pessoas que sofrem dos mesmos males.

Talvez não devamos sequer tentar resolver os problemas mais «intratáveis» da vida, mas sim conviver com eles como *observadores*, a fim de alcançarmos deles uma compreensão mais profunda que possamos transmitir aos outros. Se o fizermos bem, criaremos para nós mesmos um grau de felicidade que, caso contrário, jamais seríamos capazes de alcançar. Quando se sofre muito por nada, o sofrimento torna-se esmagador, humilhante e degradante; porém, quando nos empenhamos na batalha a fim de que outros possam desfrutar da vitória, então todos os dias maus pelos quais passamos tornam-se um processo de aprendizado cujos resultados podemos oferecer aos outros.

Para falar somente de mim — mas com a esperança de que você descubra o mesmo —, acabei por considerar aquilo que me pareciam *limitações* terríveis como *bênçãos* muito grandes, porque essas limitações acabaram por criar um equilíbrio interior que eu jamais teria podido conhecer se não tivesse estado na frente de batalha. Portanto, uma vez que nos tenhamos decidido a trabalhar na nossa recuperação não somente por se tratar de causa própria, mas para estarmos em condições de oferecer o ombro aos outros, teremos tomado a larga rodovia que nos conduzirá à paz e nos levará para fora do círculo da autopiedade.

A depressão e os estados de ansiedade envolvem muitas vezes aspectos médicos e psiquiátricos significativos que no entanto se encontram fora do campo da nossa competência; por conseguinte, temos de limitar-nos a fazer aquelas coisas que nos dizem respeito diretamente, isto é, mudar e crescer. Não há terapia que leve a cabo este trabalho por nós, ou sequer nos ajude, enquanto não desenvolvermos a honestidade e a coragem de desempenhar o nosso papel na peça. Até Cinderela teve de conseguir uma abóbora e uma parelha de camundongos brancos.

Ora bem, abóboras e ratos brancos não são fáceis de encontrar, e muitas pessoas nem ao menos tentam procurá-los. Os psiquiatras queixam-se inúmeras vezes de que os seus pacientes não estão dispostos a introduzir mudanças em sua vida; o que querem, na verdade, é um tratamento com varinha de condão, enquanto se agarram às suas velhas manias neuróticas; e isto simplesmente não funciona.

É importante, por outro lado, que deixemos a psiquiatria aos psiquiatras. Se tivermos de consultar um especialista, boa parte da responsabilidade que nos cabe consistirá em cooperar plenamente com os conselhos que nos der. A psiquiatria é um campo difícil e complexo, e os amadores entusiasmados que invadem o ringue não costumam tornar a vida mais fácil nem mesmo aos profissionais mais compassivos. Não conseguiremos nada intercambiando entre nós, pacientes, os sintomas e as terapias, ou brindando-nos mutuamente as nossas teorias freudianas. Se, depois de um tempo razoável, descobrirmos que determinado terapeuta ou determinado tratamento não parece estar ajudando, temos de procurar outro que seja mais adequado ao nosso caso particular.

As doenças deste tipo costumam ser complexas, e o que serve para um pode não servir para outro. Importa muito não dar ouvidos a essas benditas pessoas que adoram discussões pseudopsiquiátricas ou longas histórias acerca da sra. Christy, que «tinha exatamente o mesmo que o senhor tem e...» Não, senhor: a sra. Christy não tinha o mesmo que você. A sra. Christy é um ser humano único, com todo um temperamento, um metabolismo, uma fisiologia e uma experiência de vida próprias, e ela não é você nem você é ela. Além disso — poderemos talvez observar —, você também não compartilhou como ela dessa refinada alegria que é viver tantos anos com o sr. Christy, o que possivelmente tem alguma coisa a ver com a triste situação dessa senhora...

Feitas estas observações particulares, podemos voltar à nossa tarefa de descobrir as realidades.

Eis uma expressão simples que poderá substituir todo o jargão científico que tenhamos acumulado: *à vontade*. Não nos perguntemos se somos neuróticos, psicóticos ou mentalmente perturbados. Perguntemo-nos apenas se nos sentimos à vontade. Mas, à vontade com quê?

Se voltarmos novamente o olhar para a nossa experiência da condição humana, haveremos de reparar que, na medida em que somos seres humanos, estamos envolvidos em três relacionamentos humanos inevitáveis: temos de conviver com os outros, conosco e com Deus. Sentimo-nos à vontade nestas três dimensões da humanidade?

Sentimo-nos à vontade com Deus? Por mais que sejamos pessoas religiosas, se não nos sentimos inteiramente tranquilos com relação a Deus, ainda nos falta algum caminho a percorrer; e se — pior ainda — qualquer referência a Ele nos assusta ou nos enche de temor, esse caminho será longo.

Sentimo-nos à vontade conosco? Gosto de ser eu mesmo, essa criatura humana cheia de defeitos e limitações, que não conhece todas as respostas, não consegue arranjar-se por si própria e nem mesmo com toda a ajuda consegue levar as suas responsabilidades até o fim? Se estou deprimido ou ansioso, atemorizado ou preocupado, e portanto não muito animado com o fato de ser eu mesmo, claramente tenho um longo caminho a percorrer.

Sentimo-nos à vontade com os outros, de cuja ajuda e de cujo apoio sempre dependeremos? Como encaramos os outros? Consideramo-los forças hostis contra as quais é preciso competir ou que é preciso derrotar? Ou como dignos irmãos e irmãs de uma mesma e única família humana, com os quais temos de cooperar para o bem de todos? Se alimentamos qualquer temor ou insegurança secretos no relacionamento com os outros, é bastante claro que temos de trabalhar também nesta dimensão da realidade.

Ou seja, o que temos a fazer é crescer e esticar-nos:

1. *para cima,* a fim de podermos estar à vontade com Deus;
2. *para dentro,* a fim de podermos estar à vontade conosco; e
3. *para fora,* a fim de nos sentirmos à vontade com todas as pessoas.

Pensamos que não? Vejamos o que acontecerá se não estivermos dispostos a mudar e a crescer nesses três sentidos:

1. Se não crescermos *para cima*, teremos de continuar a viver com as nossas ânsias mais íntimas insatisfeitas, ou então acomodar-nos ao que os outros nos digam que devemos crer, sem jamais adquirirmos experiência própria.

2. Se não crescermos *para dentro*, tornando-nos capazes de conhecer-nos e de aceitar-nos a nós mesmos como realmente somos, teremos de continuar a viver com alguém a quem não conhecemos bem, de quem não gostamos muito e em quem não poderemos confiar quando as coisas ficarem pretas.

3. Se não crescermos *para fora*, teremos de continuar a jornada como lobos solitários, escondendo-nos atrás de contatos superficiais e de relacionamentos de tipo comercial, continuamente perseguidos pelo medo de que os outros descubram quem somos na verdade e por isso eternamente impedidos de ocupar o nosso lugar na grande família humana.

Não parece ser esta a melhor maneira de nos sentirmos à vontade. Não é um modo agradável de se viver. Nem é disto que tratamos neste livro.

Não pense que nós dois somos as únicas pessoas no mundo que têm de trabalhar no seu crescimento pessoal. Cedo ou tarde, qualquer pessoa que deseje ser feliz tem de enfrentar este desafio. O ser humano idealmente balanceado não existe a não ser nas páginas dos manuais de psicologia. Ninguém está «pronto».

Aqui ou ali, encontraremos pessoas que parecem ter uma autoconfiança indestrutível e pensam ter atado todas as pontas soltas, mas é só porque nunca tiveram de enfrentar uma verdadeira crise existencial. Todos nós fomos assim um dia; conhecíamos todas as respostas e não tínhamos a menor ideia de que existisse qualquer pergunta por resolver. E então, um belo dia, o mundo desabou e nós, sem saber que tínhamos sido os escolhidos, atingimos a rocha-mãe no fundo do poço.

A clássica imagem do homem que se encontra no fundo do poço é a do vagabundo barbado, que alguma vez na vida foi milionário e hoje se encontra sentado, bêbado, sobre um monte de lixo. Mas as coisas não se passam necessariamente dessa forma; correm de maneira diferente e pessoal para cada um de nós. Ora é uma necessidade pela qual estamos passando, ora uma doença grave, um fracasso nos negócios, uma situação de desemprego prolongado, uma injustiça terrível da qual somos vítimas, ou um desajuste matrimonial. As circunstâncias variam, mas a sensação é a mesma: a de que chegamos ao ponto máximo do desespero, da derrota, da humilhação e da desgraça que é possível suportar; a de que acabamos de perder o último trunfo e nos encontramos isolados, sem amigos e sozinhos; a de que todas as verdades e certezas que um dia possuímos desapareceram num piscar de olhos e, na verdade, nunca tiveram significado algum.

No entanto, se por acaso acontecer que você esteja lendo estas páginas num momento em que se sinta deprimido e esgotado, pare por uns instantes e dê graças a Deus fervorosamente, pois é provável que se encontre no limiar da mais bela experiência que jamais terá. Conheço inúmeras pessoas — entre as quais me incluo — que passam a maior parte das suas horas conscientes perguntando-se por que haviam de ter tido a sorte de depararem com a encruzilhada dos caminhos no meio da floresta e de se terem visto forçadas a enveredar pelo caminho menos batido, razão pela qual estão onde estão: perdidas. É que às vezes, na vida, as bênçãos vêm envolvidas em pesados disfarces, e somos obrigados a fazer escolhas que não teríamos capacidade ou desejo de fazer por nossa própria conta.

No momento em que nos decidamos de verdade a mudar, não estaremos embarcando num curso do tipo «aprenda a tocar piano em sete dias e deixe os seus amigos embasbacados»; estaremos dando início a um novo modo de vida. Se tivermos a pretensão de mudar atitudes profundamente arraigadas em sete dias, certamente deixaremos os nossos amigos embasbacados — mas pelas razões erradas. Nada, neste campo, promete vitórias fáceis; a jornada durará a vida inteira e vai sempre ladeira acima. Mas é uma jornada fascinante, repleta de descobertas novas e de uma capacidade crescente de alegrar-se com pequenas coisas ao longo de um caminho que se vai fazendo mais sereno. Chegaremos pouco a pouco a conhecer a paz de espírito e o nosso velho modo de pensar depressivo e negador acabará por murchar e morrer. Nada do que possamos aprender aqui há de tornar-nos invulneráveis aos choques e encontrões ocasionais que a vida proporciona, mas aprenderemos a ganhar e a perder com garbo e dignidade e a fazer boa cara tanto numas situações como nas outras.

Não deixe o pessimismo insinuar-lhe que você não é capaz; todo o mundo pensa assim; é parte da condição humana. O segredo consiste em que estabeleçamos conexão com reservas de energia, de coragem e de honestidade que estavam ocultas sob a camada do pessimismo, e podemos ter a plena certeza de que, na medida em que nos disponhamos a fazer esforços verdadeiros, descobriremos que somos capazes de um desempenho muito superior ao que parecia ser possível com os talentos que sabíamos possuir. E descobriremos também que o assunto não só funciona, mas continua sempre a melhorar.

Muito bem; agora já conhecemos as realidades. Mas conhecê-las não basta. Não são somente as coisas que conhecemos, mas as que fazemos, que nos tornam mais felizes. E o fazer tem de ser levado a cabo com honestidade. Os atalhos e as meias medidas para atenuar arestas ou poupar decisões difíceis não funcionam. Em ampla medida, a razão de nunca termos sido capazes de mudar é que insistíamos em fazê-lo «ao nosso modo». Jamais encaramos a inflexível verdade de que «o nosso modo» simplesmente não funciona. Agora, já sabemos mais. E assim chegamos ao primeiro dos três esforços que identificamos anteriormente, ao primeiro passo de um caminho que *realmente* conduz à meta.

CRESCENDO PARA CIMA: DEUS

Aperte o cinto e agarre-se a essa «mente aberta» de que falávamos, porque agora vem a parte mais difícil do espetáculo. Aproximamo-nos deste trecho com medo, tédio ou — na melhor das hipóteses — com a ideia de que se trata de um capítulo maçante sobre «religião». Mas não é. Falaremos aqui da realidade central da condição humana, tão central que, se quisermos fugir dela e esconder-nos, ou se tentarmos enveredar por um atalho, estaremos pura e simplesmente retornando aos nossos velhos modos neuróticos e infantis.

Para falar com total simplicidade, o que interessa aqui é constatar que Deus é *amor*. É bem verdade que algumas religiões deste mundo não pouparam esforços a fim de obscurecer esta verdade básica, mas nós deixaremos as questões doutrinais e dogmáticas e teológicas para os teólogos, e nos concentraremos na nossa tarefa essencial, que é crescer na direção de uma experiência pessoal de Deus.

Aqui se nos pede, portanto, que aceitemos uma única verdade básica: o fato de a realidade consistir num misterioso entrelaçado entre forças espirituais que não somos capazes de apreender inteiramente e objetos materiais que conhecemos; e de que esse conjunto é presidido por um Poder ou força última, que age somente por Amor.

Se você não tiver uma fé prática, não se preocupe. Basta que seja capaz de aceitar que existe um Ser benigno e poderoso situado para além da compreensão consciente do ser humano. Sejam quais forem as minhas crenças a respeito dEle, nada me confere o direito de impô-las a você; mas peço-lhe que me dê ouvidos com a mesma tolerância quando procurar exprimir-me da única maneira que faz total sentido para mim, referindo-me a Deus como «Pai». Gostaria, porém, de avisá-lo de que, sejam quais forem as suas crenças, você terá de deixar de lado alguns dos conceitos aos quais está mais apegado. E o que acontece com você aplica-se igualmente a mim.

Não deixe o que se costuma chamar «religião» confundir as perspectivas. Alguns sentem-se inteiramente à vontade graças à formação religiosa que receberam, mas outros encontram-se emaranhados numa mistura de medo, de culpa e de remorsos que deriva dela. Se a sua maneira de encarar a religião o ajuda a ter uma experiência pessoal de Deus, seja-lhe muito grato por isso e alegre-se com o fato mais do que todo o mundo. Mas se o seu modo de entender a religião o impede de relacionar-se amorosamente com o seu Pai, faça o que eu fiz: corrija o que há de errado na sua visão pessoal do mundo e da própria religião.

O Deus de que estamos falando é um Pai amoroso, que não age senão por amor. É um Pai a quem pouco interessam as opiniões mais ou menos parciais que você alimenta acerca de si próprio, ou que o mundo inteiro alimenta a seu respeito; esse Pai só pode ter por você um amor magnificente e deliciar-se com o fato de você ser você — seja qual for o seu passado —, porque você é uma criação pessoal e única dEle e é seu filho. Por favor, ajuste firmemente este pensamento na sua nova mente aberta, pois encontrará as devidas provas a seu tempo.

Aqui temos que deter-nos por um momento, a fim de alicerçarmos com toda a firmeza este conceito no nosso espírito. Não basta que balancemos afirmativamente a cabeça e concordemos interiormente. Há muitos que se encontram tão obcecados por uma doentia sensação de culpa e por um íntimo desgosto consigo que qualquer ideia de que Deus os ama — ou, pior ainda, que confia neles e se alegra com eles — lhes parece uma blasfêmia terrível. Se for este o nosso caso, teremos portanto de fazer um verdadeiro esforço por meter a ideia de que Deus nos ama na nossa cabeça e por fazê-la arraigar em profundidade; em inúmeros casos, isso significará adquirir *a ousadia de crer*. Por isso, teremos de meditar com constância neste tema, até que as peças encaixem. Talvez nos sirva de ajuda tentar encarar a questão por este prisma: se Deus é capaz de fazer o que bem entende, bem pode decidir amar-nos, mesmo que tal decisão nos pareça absurda.

Passemos agora a extirpar as complicações que possamos ter criado. Só se pode falar de Deus com um despojamento absoluto. Tentar entender plenamente a Deus é como olhar para o disco solar em pleno verão: faça-o durante muito tempo, e logo terá os olhos queimados. As discussões acerca da existência de Deus podem prolongar-se indefinidamente, e deixarão as nossas cabeças girando se nos metermos nelas. O número de possibilidades que se abrem é infinito e muitas respostas são circulares; assim, se nos enfronharmos numa discussão deste tipo, encontrar-nos-emos devolvidos à sociedade dos eternos questionadores, que não é lugar para quem está decidido a *fazer*.

Convém, portanto, deixarmos de lado as grandes questões cósmicas que mantêm os filósofos acordados por noites inteiras: «Se Deus é um Deus amoroso, como é que Ele permite...». Emaranhamo-nos completamente quando tentamos responder a elas. Se estivermos dispostos a *fazer* e a deixar de lado os questionamentos furibundos, descobriremos que às vezes a única resposta é: se a minha tia tivesse um rotor, seria um helicóptero, e se eu soubesse todos os porquês, seria Deus. Ambas as afirmações não passam de uma amostra de *nonsense,* tão desprovidas de sentido como a maioria dos pensamentos da nossa mente humana fraca e falível, que julga ser capaz de enfrentar as grandes questões cósmicas cujas respostas só Deus conhece.

A finalidade deste esforço por deixar de lado certos questionamentos é que cheguemos a conhecer a Deus por experiência pessoal. Mas conhecer a Deus por experiência não é simplesmente ter uma espécie de gaveta mental na cabeça, que é onde guardamos tudo aquilo que costumamos esquecer; é, pelo contrário, ter uma certeza inabalável no coração e na alma, que é onde guardamos tudo aquilo de que nos costumamos lembrar... O que importa é criar essas condições interiores nas quais finalmente seremos capazes de dizer que, de certa forma, já não precisamos crer em Deus, *porque o conhecemos*.

Ora, nenhum de nós é capaz de encontrar a Deus pelas próprias forças; o que temos de fazer é tomar a firme decisão de deixar que seja Ele quem nos encontre. Aliás, Deus não é desabrido: é extraordinariamente delicado, e não se intrometerá na nossa vida enquanto não lhe pedirmos com sinceridade que entre e tome posse de nós. Também não é um negociante: não dá um sinal nem oferece garantias. Na verdade, a palavra «livre--arbítrio» significa apenas isto: que, sem exercer qualquer pressão nem exigir qualquer hipoteca, Deus deixa inteiramente por nossa conta a decisão de chamá-lo mediante um desejo autêntico e de confiar-nos a Ele por inteiro.

Nesse momento, como um Pai que vinha observando o filho com carinho, Ele corre ao nosso encontro e nós nos sentimos como quem retorna enfim para casa, de volta do exílio numa região longínqua. Este encontro será tão complicado ou tão simples como queiramos — depende apenas de nós —; em última análise, quando tudo está dito, só se exige de nós um único requisito: a disposição de nos deixarmos conduzir.

Resumamos mais uma vez a nossa situação, ou seja, as realidades que temos de enfrentar:

1. Somos defeituosos e falíveis, e não sabemos o que nos está acontecendo nem o que há de errado na nossa vida.

2. Sentimo-nos paralisados pelo medo, ansiedade e depressão, mal conseguindo arrastar-nos de um dia para o outro.

3. Tentamos conduzir a nossa vida por nós mesmos, e só conseguimos desfazê-la em pedaços em todos os aspectos imagináveis.

4. Vivemos mergulhados num mistério, para o qual ninguém conhece perfeitamente a resposta.

5. No íntimo de cada um de nós, há qualquer coisa que anseia por uma Verdade absoluta, e por mais que consigamos fazer calar essa voz durante algum tempo, ela retorna uma vez e outra e põe-se a sussurrar aos nossos ouvidos sempre que tentamos pensar em algum outro assunto.

6. As pessoas que estão mais próximas de nós e nos são mais queridas não conseguem ajudar-nos de forma definitiva, porque também estão sujeitas à condição humana, e é natural que nos desapontem de tempos a tempos.

Ora, é à luz destes fatos que temos de tomar a decisão de pedir ao nosso Pai que assuma a direção das nossas vidas. É tão simples assim. Para dizê-lo nos termos mais elementares: dispomo-nos a crer que, se nós lhe pedirmos que o faça, Deus, o Pai amoroso, que ao mesmo tempo é o Criador de todas as coisas, assentirá em gerenciar as nossas vidas e, a partir desse momento, passará a guiar-nos na direção que Ele, com a sua sabedoria infinita, sabe que é a que mais corresponde aos nossos verdadeiros interesses e ao nosso maior bem-estar interior. A isto chama-se *entrega total*. É um mergulho em queda livre sem garantias, sem condições preconcebidas, sem redes escondidas. O único mecanismo que efetivamente funciona é um reconhecimento total da nossa incapacidade, e um pedido formulado com intenção sincera e plenamente honesta. E a maior dificuldade de escrever acerca disto não é que se trata de algo complicado, mas de algo tão simples que se torna quase impossível descrevê-lo com clareza.

Não estamos diante de uma matéria acerca da qual possamos «pensar» muito, ou que possamos discutir, provar ou entender como um teorema; só podemos *fazer*. Sempre tenderemos a complicar o assunto. Dedicamo-nos por exemplo a intensificar os nossos sentimentos a fim de atingir um intenso fervor religioso, ou a cantar o saltério inteiro, ou a renovar as nossas práticas de piedade, ou até a arrepender-nos profundamente dos nossos pecados — e nada acontece. Na verdade, basta que peçamos a Deus, com serena sinceridade, que venha, e a seguir lhe confessemos a nossa derrota absoluta, limitando-nos depois a observar o que acontece. Cedo ou tarde receberemos, com toda a intensidade de um raio *laser*, a evidência pessoal de que somos intensamente amados por um Deus que pôs em nós as suas delícias, como se não existisse mais ninguém neste mundo.

Não inventemos dificuldades que não existem, nem nos sintamos desencorajados pela nossa incapacidade de ser sinceros. O filho pródigo não estava voltando para casa por ter decidido tornar-se um bom menino, mas porque tinha lançado pela janela fora todo o dinheiro e nutria certas esperanças de que o seu pai lhe daria um emprego como um dos seus jornaleiros. Lembremo-nos também de que, ao contrário do que se afirma em alguns sermões, na verdade nunca chegou a bater à porta da casa do pai: não precisou. O pai tinha estado à sua espera e saiu correndo ao seu encontro. Tudo o que o rapaz teve de fazer foi começar a pedir perdão, a *fazer* o que tinha de ser feito, a enfrentar a ação; mas foi o seu pai quem completou o trabalho. E conosco acontece exatamente o mesmo.

É evidente que o nosso orgulho e o nosso egoísmo não gostarão deste novo estado de coisas. Pensarão que assim deixaremos de ter personalidade própria, que nos transformaremos em nuvens de fumaça sem iniciativa pessoal alguma. Não acredite nisso. Deus sempre quererá que marquemos metas, que as persigamos e que procuremos acertar no alvo na medida das nossas possibilidades.

Mas deixemos que seja Ele quem determine os resultados. Por quê? Porque Ele consegue enxergar o que nos espera além da esquina, e nós não.

Deus vem até nós e toma posse de nós como propriedade sua quando derrubamos as barreiras do orgulho e do egocentrismo, permitindo-lhe que entre. Não o faz porque nós sejamos «santos» ou «dignos» ou porque o tenhamos «merecido», mas porque decidiu amar-nos e essa sua escolha é definitiva. Poupemo-nos, portanto, aos falsos embaraços de uma piedade sentimentalista, e preparemo-nos para viver em profundidade a nossa vida, deixando que o Pai faça os seus milagres através de nós.

O que é que acontece, exatamente? Há inumeráveis descrições deste despertar espiritual, que umas vezes pode dar-se mediante iluminações repentinas e outras mediante uma crescente consciência de que Deus efetivamente tomou posse de nós e nos transformou. Tanto faz. Deus revela-se a cada um de nós através de uma simbologia e de uma linguagem que somente nós somos capazes de compreender em plenitude, e é impossível comunicar essa linguagem com clareza a quem quer que seja.

No começo, a dificuldade de comunicação chega a ser muito frustrante; a situação assemelha-se bastante à de quem se apaixonou e quer que o mundo inteiro tome conhecimento disso, e no entanto não consegue formular nenhum relato coerente do que aconteceu. Depois de um certo tempo aprendemos, porém, a aceitar a impossibilidade de descrever o que sentimos, e deixamos de tentar fazê-lo. É que esse acontecimento constitui muito mais do que a simples disposição favorável de um domingo de manhã que se dissipa por volta da hora do almoço; é qualquer coisa de permanente, que não desaparece nem mesmo quando chega a segunda-feira. É um processo que vai realizando, quer imediata quer gradualmente, uma transformação da nossa personalidade, e os outros parecem reparar nisso até mesmo antes de nós.

O fato é que Deus estabelece com cada um de nós um relacionamento único e pessoal, até certo ponto capaz de ser compartilhado apenas com outros que passaram pela mesma experiência. É por isso que nós, os cristãos, partilhamos da mesma certeza sobre qual é a natureza de Deus e sobre o modo como Ele age. É por isso que somos capazes de passar esta mensagem adiante e de oferecer uns aos outros uma certa ajuda em momentos de dúvida. Mas, mesmo nessas ocasiões, há uma única providência totalmente indispensável: continuar a desenvolver esse relacionamento com Deus conversando diariamente com Ele.

Em termos práticos: de que forma nos colocamos nas mãos de Deus em cada dia? Cada qual tem o seu modo de fazê-lo, mas em geral vale a pena começarmos por lembrar-nos, nos primeiros momentos conscientes do dia, de que já não estamos sós com os nossos problemas, e de que tudo aquilo por que teremos de passar ao longo desse dia já está previsto. Estamos ligados a um poder para o qual nada neste mundo constitui obstáculo, um poder infinitamente amoroso e profundamente interessado em tudo o que fizermos. Deus não age senão por amor à nossa felicidade e ao nosso bem.

Este é um ponto importante, porque todos nós temos ideias bastante arraigadas acerca do que é melhor para nós mesmos, e o nosso orgulho e vontade própria sempre insistirão em levar tudo avante ao nosso próprio modo. Descobrir-nos-emos pedindo a Deus que os nossos planos deem certo, que os nossos sonhos se realizem e que os nossos preparativos funcionem exatamente como prevíamos. Ora bem, isto não tem nada a ver com o abandono nas mãos de Deus. Abandonar-se nEle não é pedir que aconteça isto ou aquilo, mas que nos seja dada a serenidade de conviver alegremente com qualquer situação pela qual passemos, sempre com a plena consciência de que o nosso Pai sabe o que está fazendo, enxerga mais longe do que nós e tem ideias melhores do que as nossas.

Uma vez que tenhamos clareza de ideias a este respeito — e essa segurança só vem com a ajuda de Deus e com a prática —, estaremos contentes por fazer o melhor que podemos e por deixar que as coisas aconteçam como têm de acontecer. Quando os nossos planos implodem, não ficaremos demasiado preocupados, porque sabemos que é o nosso Pai quem dirige a nossa vida. Em todos os momentos de dúvida ou de dificuldades, bastará que nos perguntemos: «Afinal de contas, quem é que dirige o espetáculo?» Se é Deus, deixemos que seja Ele quem realmente o faça. Abandonar-se em Deus não significa nada mais do que isto: se determinado problema nos parece insolúvel, nem por isso Deus ficará também confundido.

Por fim, à noite, antes de adormecer, faremos uma curta revisão do nosso dia e voltaremos a colocá-lo nas mãos de Deus, incluindo, com um pedido de perdão, aquelas coisas que fizemos malfeitas e as ocasiões em que não acertamos o alvo.

O resultado destes exercícios depende unicamente da ação, de uma ação consistente e diária. Não se trata de pensar ou de elaborar teorias. Trata-se de *fazer* esses exercícios.

Neste novo modo de vida, há apenas um único erro fatal, que é desistir. A perfeição absoluta não vem ao caso, pois Deus não nos criou perfeitos; a nossa essência consiste em nunca estarmos acabados. Importa que continuemos avançando, e com isso basta. E neste esforço por progredir, teremos de contentar-nos calmamente com o fato de às vezes nos darmos mal, de cometermos um erro após outro ou nos vermos dominados por uma revolta furibunda, pelas paixões, pelo egoísmo, pela vaidade ou estupidez tão próprias da condição humana. Longe de sentir-se surpreendido ou desapontado conosco, Deus já contava com isso. Criou-nos humanos, falíveis e imperfeitos, mas, mesmo assim, decidiu amar-nos.

Nenhuma das nossas fraquezas humanas é capaz de fazer com que Deus mude de ideia. Ele não muda de ideia. Como sei disso? É que Deus, sendo infinitamente sábio, não pode ter ideias melhores do que aquelas que já teve. Acerta no primeiro tiro. Portanto, no que diz respeito aos nossos erros, já é hora de deixarmos de lado o cassetete, pelo menos durante algum tempo, e pararmos de nos julgar com tanta dureza.

Muito bem: e que tem tudo isto a ver com os estados de ansiedade e de depressão? Muito. A consciência *habitual* de sermos amados por Deus tem um profundo efeito sobre o nosso temperamento. Na medida em que progredimos, vamos adquirindo serenidade interior, porque aprendemos que há inúmeras coisas com as quais já não temos de preocupar-nos. Velhas ansiedades vão morrendo pouco a pouco, e uma paciente confiança íntima acaba por substituir a importância que atribuíamos a nós mesmos e que tanto ocupava a nossa atenção; simultaneamente, a sensação de sermos amados vai eliminando o desgosto e o ódio que alimentávamos contra nós mesmos, reações que costumam estar tão vinculadas aos estados de depressão. Começamos a desenvolver uma autoestima legítima e, libertados de inúmeras das antigas tensões, podemos começar a olhar à nossa volta e a desfrutar da vida. Passamos a sentir-nos fascinados com coisas simples que anteriormente não nos chamavam a atenção e, como veremos mais adiante, estas nossas novas atitudes começarão a ter um efeito muito benéfico sobre o modo como lidamos com as outras pessoas.

Passamos então a ter a impressão de deparar com reservas de coragem, de honestidade e de uma sabedoria íntima que, segundo todas as evidências, não existiam no nosso interior. Descobrimos que somos capazes de lidar facilmente com situações e pessoas que costumavam deixar-nos perplexos e irritados no passado. Pouco a pouco, vai crescendo em nós a certeza de que há muito mais coisas acontecendo à nossa volta do que éramos capazes de ver e de tocar ou de compreender com a nossa inteligência. Passamos a sentir-nos à vontade diante do mistério, e até a amá-lo, e já não nos perturbamos com as coisas que não somos capazes de prever ou entender. Ganhamos um certeiro senso de oportunidade, e uma impressionante capacidade de nos mostrarmos serenos diante de situações verdadeiramente graves. É que começamos a ganhar consciência de que não dirigimos o espetáculo e de que não precisamos conhecer todas as respostas.

E que dizer da prática cotidiana?

1. *Mantenha os pés no chão*. Conduzir a nossa vida segundo princípios espirituais não nos exime da condição humana nem das realidades mundanas. Continua a ser necessário fazer o trabalho de cada dia, pagar as contas e parar diante do sinal vermelho. O próprio Cristo não quis fazer números de circo, e recusou-se a dar um salto mortal do pináculo do Templo simplesmente por causa da promessa de seu Pai, de que não poderia ferir-se. É preciso tomar cuidado com os mercadores religiosos do tipo «o Senhor proverá», que por sinal são primos dos psiquiatras que prometem curas milagrosas.

O Pai certamente cuidará de nós da maneira mais admirável, mas somente depois de termos feito o melhor que podíamos e de em seguida termos passado para Ele o leme da nossa vida. Continuamos a ter necessidade de utilizar os nossos talentos e de tomar as nossas decisões, mesmo tendo pedido ao nosso Pai que nos oriente e tendo lançado mão do aconselhamento humano que Ele pôs à nossa disposição. Receberemos com certeza a orientação que tivermos pedido, mas às vezes o Pai somente nos responderá depois de um período de silêncio, a fim de que ganhemos a humildade de buscar ajuda naqueles que nos cercam. A verdade é que sempre será preciso ter os pés no chão; como dizia alguém: «Acho ótima toda essa filosofia, mas o que quero saber é quem paga o aluguel!»

2. *Tenha um conselheiro espiritual.* Não é prudente realizarmos escaladas espirituais sozinhos. A vontade própria e o orgulho nunca adormecem, e uma e outra vez nos encontraremos racionalizando as nossas atitudes, a fim de nos convencermos de que os nossos planos egoístas são inspirações de Deus. Procure algum sacerdote ou amigo em quem possa confiar e que viva segundo estes princípios, e converse regularmente com ele acerca do seu progresso. Não se preocupe demasiado com encontrar a pessoa certa; uma vez que tenhamos feito um certo esforço nesse sentido, o Pai nos conduzirá à pessoa de quem precisamos para guiar-nos. Quando o aluno está pronto, o professor acaba por aparecer.

3. *Cuide da sua própria vida.* Tal como chegamos à conclusão de que é melhor deixar a psiquiatria para os psiquiatras, também havemos de convir em que é melhor deixar as controvérsias teológicas para os teólogos.

4. *Faça oração.* Esta é a parte mais difícil. Será que devemos rezar para pedir as coisas que queremos? Não sei a resposta, e só posso oferecer a minha opinião pessoal; no começo, pensava que a resposta era não.

Parecia-me que, ou o meu Pai dirigia o espetáculo, ou não. Se o dirigia, não via que vantagem poderia haver em lançar mão de um intelecto humano falível para fazer sugestões à Sabedoria Infinita quanto ao que lhe corresponderia fazer; e pensava que até mesmo a cláusula «se for esta a tua vontade» comprometeria um pouco a aceitação absoluta da Vontade de Deus. Quanto à paz, à serenidade e à capacidade de empenhar-me, sempre as pedi insistentemente a Deus, e as questões concretas acabavam por resolver-se muito melhor do que quando fazia questão de redigir o roteiro do meu próprio *show*. Ninguém, absolutamente ninguém, diz ao Sinatra como deve cantar; mas o mundo inteiro parecia-me estar ajoelhado para dizer a Deus o que devia fazer.

No entanto, houve uma coisa que me fez repensar o assunto. Enquanto estava escrevendo este capítulo, passei por um período de dúvidas quanto às minhas opções profissionais, e as dificuldades financeiras que resultavam de estar trabalhando como escritor de tempo integral apertaram o cerco; o dinheiro vivo andava escasso, e eu mal conseguia descrever de memória uma nota de uma libra... Fiz oração pedindo a Deus que me orientasse, e em consequência encontrei por acaso um sacerdote que era bom ouvinte. Propus-lhe a dúvida de se devia ou não pedir a Deus que me ajudasse em matéria financeira. O bom padre disse-me com muita ênfase que o Pai é *o Pai,* e que por isso devemos aproximar-nos dEle com confiança para pedir-lhe qualquer coisa de que necessitemos para vivermos frutuosamente as nossas vidas. Também identificou na minha atitude um certo receio de que Deus já tivesse sido mais bondoso comigo do que eu merecia — certamente seria esta a razão pela qual temia incomodá-lo mais —, e/ou de que o dinheiro fosse um tópico demasiado sórdido para ser mencionado diante de Deus. Eu estava — segundo me disse — encolhendo Deus às dimensões da minha própria humanidade.

Na verdade, ainda tenho a impressão de que, quanto menos oração de petição fizer, melhor, porque a petição tende a comprometer a aceitação absoluta; mas que sentido poderia ter pedir orientação a um sacerdote de Deus, e depois fazer interpretações de segunda mão? Agora percebo claramente que há momentos em que toda a engenhosidade humana é insuficiente, e em que é correto e bom dirigir-se ao Pai do céu para pedir auxílios materiais específicos. Existe, evidentemente, um mundo inteiro de diferença entre pedir com delicadeza e exigir com arrogância uma determinada resposta, estabelecendo prazos de entrega. Seja como for, agradeci ao bom sacerdote a orientação que me proporcionou de modo tão enfático, e voltei para casa a fim de acrescentar estes parágrafos, não vá acontecer que eu me dedique a dar conselhos que o meu Pai não aprova[*].

(*) Com efeito, a finalidade da oração de petição — como sempre ensinou a doutrina católica — não é mover Deus a «mudar de ideia» ou a «lembrar-se de algo que tivesse esquecido», mas fazer com que oremos, nos apercebamos da nossa indigência e mantenhamos viva a consciência da bondade de Deus. Ao rezar pelos outros, pode-se além disso fazer inúmeros atos de

5. *Deixe que Deus lhe fale por sua vez.* Será que Deus não quer dirigir-se a nós por sua vez? Gaste algum tempo a não fazer nada, com as mãos nos bolsos, pensando em nada, mas procurando ter consciência de que você é filho desse Pai. É impressionante quanta coisa se aprende assim, e a paz que se experimenta. Parece-me que, com demasiada frequência, o que as pessoas chamam «oração» não passa de algazarra mental destinada a abafar a voz de Deus.

6. *Não se preocupe com as suas carências e necessidades.* O Pai providenciará as coisas de que temos necessidade para o nosso bem-estar, de modo que bem podemos permitir-nos o luxo de não ficar angustiados quando faltam, de nos contentarmos com bens de

---

caridade. Não nos esqueçamos de que foi o próprio Cristo quem nos manifestou que Deus *quer* que peçamos, e que *devemos* fazê-lo. Basta pensar na oração que Jesus nos ensinou, o Pai-Nosso.

Por outro lado, a petição não é o único, nem o principal fim da oração. Os outros três, em ordem de importância, são: adoração (reconhecer a grandeza de Deus), ação de graças (agradecer-lhe os benefícios que recebemos) e reparação (pedir-lhe perdão pelos nossos pecados). A petição vem somente em quarto lugar. [N. do T.]

segunda categoria de vez em quando, e de deixar de lado as nossas tentativas de levar vantagem sobre os outros e mandá-los à lona. As nossas necessidades raramente serão atendidas de todo, e quanto mais longe tivermos ido no caminho ascendente do abandono em Deus, mais nos alegraremos por essa atitude ao olharmos para trás. Algumas das coisas que mais nos pareciam necessárias teriam sido capazes de destruir-nos.

7. *Tenha vida espiritual.* Este modo de viver não traz consigo uma santidade do tipo «cobertura de açúcar» nem exige atitudes «carolas». Na verdade, significa olhar a realidade nos olhos o tempo todo, e se levarmos a sério o crescimento interior e a nossa transformação em pessoas reais, não desejaremos que seja de outra forma.

Virão dias em que a nossa fraqueza humana se erguerá e nos deixará esmagados, e nos quais não conseguiremos enxergar progresso algum. Não importa uma palha. Boa parte do nosso progresso é invisível, e realiza-se quando pensamos não estar avançando nem um passo. Não se preocupe se a sua *performance* declina depois de um período muito favorável: isso significa apenas que estourou um desses fusíveis de segurança que nos recordam a necessidade de permanecermos na casa do Pai e de não sairmos a vaguear pela região longínqua, pensando que somos capazes de «dar conta do recado» por nós mesmos. Nenhum erro tem importância exceto o de desistir; o único pecado sem salvação é desesperar.

Não temos obrigação nenhuma de explicar ou justificar o nosso modo de vida diante de qualquer pessoa. Tampouco temos autoridade para nos dedicarmos a fazer cruzadas pelo mundo afora, impondo às pessoas o nosso modo de viver. Deus não precisa de guarda-costas nem de relações-públicas. Se alguém quiser partilhar daquilo que nos foi dado, ultrapassaremos a linha divisória e lhe transmitiremos a nossa mensagem. Isto não significa que queiramos impingir as nossas crenças aos outros nem nos dediquemos a conduzir sub-repticiamente todas as conversas para assuntos espirituais. Existem já suficientes gurus a dirigir cadilaques pela cidade, sem que tenhamos que dedicar-nos também a este ramo de negócios, contribuindo para congestionar ainda mais o trânsito.

Encontraremos, de tempos a tempos, gente de modos suaves e sofisticados que demonstram um total desprezo por aqueles que creem em Deus; algumas dessas pessoas simplesmente estão a fazer teatro, outras são almas sinceras que pensam ter suficiente experiência de que Deus não existe. Viva e reze. Elas têm todo o direito de exercer a sua liberdade, mesmo que cometam erros, sem que nós tenhamos obrigação alguma de tecer comentários a esse respeito com ar de superioridade. Quer o aceitem, quer não, elas têm tanta importância para Deus e são tão amadas por Ele como nós.

Mas nós, por outro lado, não deixaremos que sejam elas a pensar por nós. Não nos justificaremos como se estivéssemos errados nem pediremos desculpas. Não precisamos da bondosa permissão de ninguém para dar os nossos próprios tiros. O que não significa que não procuremos ter sempre horizontes muito amplos: não temos mais importância diante de Deus do que qualquer outra pessoa, e quem quer que encontremos certamente terá alguma coisa a ensinar-nos.

Não hesitemos diante deste passo do abandono em Deus. Temos de lançar-nos a ele como um desses dublês dos filmes antigos: antes de os estúdios passarem a usar gelatina, os atores conseguiam realmente arrebentar vidraças quando se lançavam com força contra elas. Se o impulso era suficiente, atravessavam-nas sem um arranhão; se hesitassem, podiam ser cortados em fatias pelos pedaços que caíam. Num certo sentido, esse impulso nos vem de Deus, não de nós; basta que tenhamos uma disponibilidade sem reservas, a decisão de perseverar, e sinceridade. Uma vez que tenhamos feito o melhor que podíamos — por mais que este esforço seja fraco e confuso —, o próprio Deus proverá à nossa conversão. E quando isso acontecer com você — porque acontecerá —, você passará pela mais entusiasmante e deliciosa experiência da sua vida, e a transformação curativa e profunda de todo o seu ser terá início. Não tenha receio acerca das suas possibilidades. O sentimento de tristeza e desânimo que você experimenta, pensando que Deus não é capaz de amá-lo ou que não o aceita, é parte da enfermidade depressiva, é uma mentira mesquinha, desonesta e destrutiva. É o Pai quem leva a cabo a parte principal deste trabalho, e não é exclusivamente pelos nossos esforços que avançamos. Nem é preciso estar morto para «ver» a Deus.

CRESCENDO PARA DENTRO: EU MESMO

As preocupações, a ansiedade e a depressão podem levar-nos a lançar pela janela a estima que nutrimos por nós mesmos, fazendo com que nos sintamos cheios de culpa e de vergonha sem qualquer razão válida. É importante, por isso, que formemos uma ideia segura e baseada na realidade acerca de nós mesmos. Não nos sentiremos à vontade conosco enquanto não conseguirmos conhecer-nos, aceitar-nos e estimar-nos apesar das nossas incertezas, fraquezas e tudo o mais. Este é, portanto, o trabalho que passaremos a realizar: conhecer-nos, crescer para dentro, ganhar familiaridade conosco. E a boa notícia é que, sem perceber, já fizemos boa parte do trabalho quando chegamos a compreender que somos filhos queridos do próprio Deus e, por causa disso, pessoas de enorme importância.

Alguns imaginam que é vaidade pensar bem de si e que amar-se não passa de simples egoísmo; parece-lhes que a humildade consiste em dispararem contra si próprios e em atropelarem-se por dentro. Ora, este conceito não passa de um perigoso sem-sentido. Diante da realidade da nossa filiação divina, não deixa de ser realista e correto amar-nos e respeitar-nos como somos, e esta opinião só se transforma em vaidade quando nos julgamos melhores do que os outros ou mais próximos de Deus do que eles. É essencial para o nosso equilíbrio e bem-estar interiores termos consciência da bondade que há em todos nós. Aliás, não somos nós os autores dessa nobreza; trata-se de um direito de nascença que nos vem de Deus Pai, e nenhuma autoridade temporal é capaz de tirar-nos este título. Por isso, temos direito ao respeito próprio e ao alheio, e mais adiante veremos que o mesmo se aplica aos outros.

O exercício da descoberta do nosso eu obrigar-nos-á a ir raspando pouco a pouco as camadas de autoilusão que fomos acumulando ao longo dos anos, a deixar de lado todas as máscaras e a desistir de todos os papéis de teatro que costumamos encenar.

Qualquer ator poderá confirmar-nos que representar um papel consome uma quantidade enorme de energia emocional. Alguns de nós passamos a vida inteira num palco, procurando representar tudo para todo mundo, e perguntando-nos depois por que nos sentíamos tão esvaziados e exauridos o tempo todo. Se conseguirmos enfrentar a tarefa da confrontação conosco, descobrindo e aceitando quem somos, tiraremos dos ombros um peso esmagador e experimentaremos uma sensação muito real de libertação. Este trabalho não pode ser evitado nem levado a cabo «sobre o joelho», e, enquanto não o enfrentarmos, continuaremos a sentir-nos fora de sintonia conosco e pouco à vontade com os outros.

Como acontece com todos os problemas da vida que parecem complicados, comecemos por dividir este esforço em diversas fases. Na verdade, temos três tarefas a realizar:

1. Fazer um exame profundo, elaborando uma lista das nossas forças, das nossas fraquezas, e dos erros que cometemos.

2. Relatar detalhadamente essas nossas descobertas a Deus e a algum outro ser humano.

3. Como exercício diário habitual, fazer uma breve revisão da nossa conduta a cada fim do dia e corrigir tão rapidamente como possamos qualquer erro que tenhamos cometido.

É no segundo estágio que a maioria de nós tende a recuar. O exame pessoal não exige demasiado esforço, mas mostrar o nosso lado negro a outra pessoa parecerá exagerado à nossa soberba. Com efeito, muitas dessas coisas que descobriremos em nós mesmos deveriam aparentemente ser mantidas em silêncio por simples pudor. Ora, é exatamente por isso que a coisa não funciona. Se queremos pôr-nos à vontade, temos que ajustar-nos à realidade de quem somos e do que somos, e não é razoável que esperemos sentir-nos bem enquanto estivermos trabalhando na preservação de uma falsa imagem.

Ajustar-nos à realidade significa deflacionar o nosso ego, reduzir-nos ao tamanho que nos corresponde. Ao fazê-lo, teremos que descer um ou dois degraus na nossa escala de autoavaliação, porque a maioria das pessoas que sofrem de estados ansiosos ou depressivos encontram-se na verdade submetidas à tensão que deriva de estarem procurando desempenhar um papel de super-homens que não tem base alguma na realidade. Quanto mais nos repugne o exercício de abrir a alma, mais certeza poderemos ter de que o nosso ego está fortemente inflado e necessita urgentemente de uma boa poda. Se não enfrentarmos este obstáculo, não cresceremos nunca e continuaremos a brincar de herói pela eternidade afora. Não é uma boa maneira de nos sentirmos à vontade.

Ganhe coragem. Todos nós descobrimos que, uma vez dado o impulso inicial, o medo e a tendência à evasão vão morrendo, e parecemos estar dotados de mais transparência e objetividade do que jamais pensamos ser possível. A soberba sempre é covarde, sempre lançará gemidos e, no começo, procurará fazer muito barulho, mas uma vez que a enfrentemos e derrubemos, afastar-se-á na ponta dos pés.

Fazer uma lista dos erros que cometemos é a parte mais fácil do trabalho. Sabemos muito bem quais são — demasiado bem. Mas uma simples lista de culpas históricas não basta; se desejamos conhecer-nos bem, precisamos descobrir não tanto aquilo que fizemos mal, mas por que fizemos mal. Quais são os gatilhos que disparam os meus defeitos? Por que fico inflamado de ira em determinadas situações? Por que me desagrada tanto ser contrariado ou apanhado em falta? Que defeitos do meu caráter estão a nortear toda a minha conduta?

Ou então: Por que cultivo ressentimentos tão amargos contra determinadas pessoas? Que parte de mim essas pessoas parecem estar ameaçando? Estou tão tenso interiormente que perco as estribeiras com facilidade quando as coisas saem mal? Por que tanta tensão? Que nível de perfeição absurdo é este que estou tentando atingir e que nunca me permite relaxar?

Ou ainda: quando cometo um erro diante de outras pessoas, sinto-me imensamente envergonhado e embaraçado, ou rio? Sou tão perfeccionista — na minha imaginação — que me irrito quando vejo qualquer coisinha fora de lugar? Sou tão incapaz de controlar-me que sinto uma necessidade imperiosa de controlar tudo à minha volta? Se estou continuamente a trair a minha verdadeira natureza a fim de impressionar os outros, de onde me vem essa profunda necessidade de ser objeto da boa opinião alheia? Sou bom para com as pessoas porque as amo, ou porque quero apossar-me delas e dirigir-lhes a vida?

Perguntas e mais perguntas. Cortemos a árvore pela raiz: a resposta correcta chama-se sempre *soberba*.

Se formos capazes de reconhecer a nossa própria soberba, setenta e cinco por cento do trabalho estará realizado com um único golpe cirúrgico, porque a soberba está interligada com diversas outras fraquezas humanas que se tornarão evidentes ao mesmo tempo. Que é a ira senão soberba contrariada? Que é o medo senão soberba ansiosa por si própria? Que é a autopiedade senão soberba desfeita em lágrimas?

De todos os vícios, a soberba é o mais difícil de agarrar. Sempre arranjará desculpas, isto é, confessará um defeito menor a fim de evitar que a apanhem em erros mais graves. Acumulará disfarces sobre disfarces, mascarar-se-á de virtude, de exigência, de honestidade, de busca da excelência e, principalmente, desferirá coices malignos contra quem quer que tente expô-la à luz. De todos os defeitos, é o que resistirá por mais tempo, negando uma e outra vez que está presente.

Se você conseguir agarrá-la pela cauda, prepare-se para ouvir guinchos de protesto à medida que a for puxando para fora da toca, mas sobretudo prepare-se também para se ver envolvido por ela num ataque de depressão: «Não, não, pelo amor de Deus, tudo menos soberba! Aceito que tenho luxúria, inveja, preguiça, qualquer coisa menos soberba». Por outro lado, como costuma acontecer nestes casos, uma vez que a enfrentamos, ela perde o seu poder. Escreva a palavra «soberba» num pedaço de papel, faça um círculo em volta e assine: «Isto sou eu. Estou inchado de soberba». Mas, agora que a reconhecemos, temo-la pendurada do lado de fora, ao ar livre, e podemos desferir-lhe umas pauladas; a partir deste momento, sabemos reconhecê-la.

Vai-se tornando evidente, pelo que dissemos, que um exame pessoal profundo requer muito mais do que vinte minutos de reflexão numa poltrona. Uma introspecção prolongada ou constante não é saudável, mas neste ponto da nossa recuperação é exatamente aquilo de que precisamos. Durante algum tempo, uma certa auto-obsessão vigilante tem de estar na ordem do dia. Para justificá-la, basta considerarmos o que estamos fazendo: estamos ajustando-nos a um novo modo de viver, indo à busca das raízes do nosso próprio ser e expondo à luz atitudes longamente entrincheiradas, muitas das quais nem sabíamos que tínhamos. Estamos desenterrando os segredos, abrindo os guarda-roupas para encontrar os esqueletos que lá se encontravam escondidos, trazendo à superfície o lixo submerso e preparando-nos para lançar tudo pela janela a fim de podermos ser *livres*.

Pouco a pouco, iremos traçando um retrato matizado de nós mesmos. Temos que ser igualmente objetivos acerca do nosso ativo como do nosso passivo. Há muita coisa em nós que está certa e é boa, e o nosso retrato sairá totalmente desequilibrado se não anotarmos nada na coluna de crédito do nosso livro-razão. Se tivermos pelo menos um pouco de senso de humor, um autorretrato genuíno dar-nos-á muita matéria para diversão, pois descobriremos que a maioria de nós é uma mistura absurda, algo como um santo pecador, um tolo sábio, um mentiroso honesto, um incompetente altamente qualificado, um palhaço desfeito em lágrimas.

Agora podemos aceitar-nos e amar-nos a nós mesmos com uma apaixonada tolerância por essas pessoas más que somos cada um de nós. Deixaremos de falar de nós mesmos com esse tom de voz tão sério, e desceremos por um momento da nossa «cruz». Poderemos até permitir-nos uma risadinha de vez em quando diante das nossas excentricidades, e dar-nos ao luxo de nos abrirmos aos outros e admitirmos rapidamente os nossos defeitos, pois estamos tomando providências acerca deles.

É no segundo ponto — insisto — que se ergue o pior obstáculo: relatar as nossas descobertas. Mas será mesmo tão difícil assim? É claro que não. Se na realidade me aceito como quem sou, não me custará demasiado compartilhar os meus segredos com alguém; mas, se ainda estiver representando um papel e procurando ansiosamente parecer diferente do que sou, não vou gostar de que os outros descubram a verdade. No entanto, quer gostemos, quer não, negócios são negócios, e se já tomamos a decisão de *fazer* o que deve ser feito, não adiaremos por mais tempo esta providência. Se ainda nos sentirmos tentados a sair pela tangente, podemos ter a certeza de que nessa mesma medida a soberba continua ativa em nosso íntimo, lançando cortinas de fumaça e buscando desculpas plausíveis para justificar o adiamento.

Mas, se não for esse o caso, e se tivermos levado a sério até aqui o nosso trabalho de reforma interior, já teremos escolhido um conselheiro espiritual que saiba o que estamos tentando fazer. A não ser que prefiramos continuar como somos (de que adiantaria?), teremos encontrado alguma pessoa amadurecida e discreta que saiba escutar — um bom sacerdote, o médico da família, um amigo próximo e objetivo, ou talvez algum psiquiatra no qual tenhamos chegado a confiar. Alguns destes tipos constituem ótimos confidentes: sabem quando escutar e quando perguntar, e evitam que voemos demasiado alto ou demasiado baixo.

O melhor teste a aplicar ao nosso conselheiro espiritual é este: sabe calar a boca e escutar? Se neste momento você por acaso se der conta de que o seu confidente não passa de um impostor, somente à espera de uma palavra sua para poder lançar-se durante horas a fio numa viagem ao redor de si próprio, diga-lhe que a Casa Branca está na linha e que você tem de sair com urgência. O trabalho que estamos levando a cabo é importante demais para que percamos o nosso tempo com algum sujeito de plástico que não conhece a sua própria realidade.

Convém, pois, que nos perguntemos que estilo tem o nosso conselheiro. É algum tipo de assistente social que se dedica a fumar cachimbo enquanto procura parecer sábio, lançando de tempos a tempos baforadas pensativas para o teto ou percorrendo as suas anotações, ou é suficientemente real para sair do seu esconderijo atrás da escrivaninha e sentar-se cotovelo a cotovelo e joelho a joelho conosco, sorrindo ocasionalmente quando reconhece algumas das suas próprias excentricidades mais patentes naquilo que lhe contamos? Dedica-se a inundar-nos de citações — simpáticas historietas extraídas do *Reader's Digest* —, ou propõe-nos meia dúzia de perguntas desagradáveis? Sabe manter-nos no equilíbrio, evitando que sejamos demasiado duros ou demasiado moles conosco? É verdadeiramente uma pessoa real, ou não passa de algum filósofo de poltrona que gosta de discussões abstratas sobre a condição humana, com meia dúzia de citações como brinde gratuito? Estes são os elementos que devemos ter em conta ao selecionarmos alguém para nos ajudar.

O senso de liberdade e de vitalidade renascida que deriva de um exame profundo e benfeito é indescritível. Finalmente seremos capazes de dizer: agora sei quem realmente sou, e todos os outros também sabem. Todos os traumas de infância e todas as feridas secretas saíram finalmente à luz, os velhos fantasmas que nos atormentavam empalidecem ao sol da realidade, e um pedregulho enorme de cuja existência não tínhamos sequer tomado conhecimento rola de cima do nosso coração. Enxergamos agora, com toda a clareza, por que este trabalho era tão essencial para o nosso bem-estar e progresso. Também enxergamos que tudo foi muito mais fácil do que parecia, e que todos os nossos receios não eram mais que tentativas de extorsão maquinadas pela nossa soberba. O verdadeiro eu pode agora erguer-se.

A partir deste momento, é melhor que deixemos as coisas como estão. Acabaram-se a análise e a introspecção, e temos de continuar a viver; é hora de ligarmos o piloto automático e limitarmo-nos a controlar rapidamente o painel de instrumentos na nossa revisão diária, à noitinha.

É melhor que não nos preocupemos demasiado com algum defeito concreto; trabalhemos em silêncio e deixemos que o progresso vá acontecendo. É que na verdade não conseguiremos livrar-nos totalmente dos nossos defeitos, e também não faz sentido que lhes demos demasiada atenção. À medida que formos avançando, alguns desses defeitos nos serão tirados de maneira totalmente misteriosa, enquanto outros serão deixados para nos lembrarmos de que somos humanos; todos, porém, diminuirão de intensidade. Os erros, mais do que retrocessos, são oportunidades de aprendizado. Como vimos, o único erro que importa não cometer é parar de tentar.

Para terminar, uma historieta que você provavelmente já conhecerá. Uma velha dama leva o seu gato ao veterinário para ser castrado. É uma senhora avançada em anos, precisa dormir, e já não suporta mais os gritos e miados dos amores noturnos do bichano. O veterinário realiza a operação, o pagamento correspondente troca de mãos, e lá vai ela, com o animal completamente desconcertado e ainda semianestesiado no fundo da cesta de compras, pensando que, se o assunto for uma piada, certamente é uma piada sem graça.

Depois de uma semana, ela está de volta:

— Seu ladrão! O senhor tomou o meu dinheiro, mas não fez o serviço direito!

— O que a senhora quer dizer com isso, madame?

— Ora, ele continua fora metade da noite, e os seus gemidos e gritos em cima do telhado continuam um horror!

Foi a vez de o veterinário explodir:

— Raios, madame, por acaso a senhora pensa que eu extraí as ideias que ele tinha na cabeça?

Moral: não mudamos da noite para o dia.

CRESCENDO PARA FORA: OS NOSSOS COLEGAS DE HUMANIDADE

Uma vez que tenhamos dado os passos mais difíceis no sentido de quebrar o nosso ego e de retificar o nosso passado, poderemos dedicar-nos à tarefa seguinte, que é tomar conhecimento dos nossos irmãos e irmãs da raça humana e passar a fazer parte dessa família. Que é preciso fazer?

Ao traçarmos o roteiro dos nossos erros, teremos percebido que há pessoas que maltratamos e tratamos injustamente. Não teremos paz de espírito enquanto não nos tivermos decidido a reconciliar-nos com elas e posto em prática essa decisão. Ao fazê-lo, estaremos extirpando da nossa consciência toda e qualquer chaga purulenta de culpa que ainda possa existir, e não fazê-lo tornaria impossível vivermos a nossa vida com serenidade. Mas para enfrentarmos essa tarefa precisamos, muito mais do que nos passos anteriores, de um alto grau de senso de oportunidade, de prudência e de aconselhamento estrito com o diretor espiritual que tenhamos escolhido.

Em primeiro lugar, é preciso ter em conta que um sentimento irracional de culpa sempre faz parte de um estado mental ansioso e depressivo. O nosso propósito tem de ser corrigir os males que tenhamos causado e, a não ser que tenhamos levado a vida de um chefe de gângsters, a nossa lista não será muito longa. Aliás, não há necessidade de incluir nela aqueles com quem simplesmente trocamos umas palavras acaloradas, ou com quem tivemos alguma dessas lamentáveis desavenças entre personalidades opostas, em que nenhuma das duas partes está em erro, mas que mesmo assim constituem um dos aspectos mais infelizes da vida diária.

Em segundo lugar, há determinadas situações que realmente devem permanecer enterradas no passado, pois não temos o direito de buscar a nossa paz de espírito revelando coisas que são capazes de tirar a paz de espírito dos outros. Também há nesse passado determinadas pessoas — algumas das quais continuam vivas, e outras que já estão mortas — com quem nos relacionamos como a água com o óleo; é mesmo provável que algumas delas sejam membros da nossa família. Temos, pois, de aceitar que não conseguiremos dar-nos bem com todas as pessoas que encontramos, e este fato não deveria causar-nos inquietação. Nada nos obriga a estreitar relações com aqueles que não nos compreendem; isso é problema deles. O que não podemos é excetuar alguém da nossa compreensão.

Seja como for, em todas as questões em que duvidemos do rumo a seguir, é importante que peçamos a Deus que nos guie e que sigamos as orientações do nosso conselheiro espiritual. Temos de ter absoluta certeza de não estar sendo omissos por razões que mentirosamente chamamos «prudentes», pois todas as vezes em que o nosso ego se sente ameaçado, a nossa soberba logo tende a achar essas explicações razoáveis para o nosso modo de agir. Tornar-se real é um trabalho duro, e tudo o que traz consigo uma redução do nosso ego inflado ao seu verdadeiro tamanho tem de custar-nos alguns coices. Os nossos lemas devem ser prudência, aconselhamento e ação rápida.

Tendo refletido acerca do nosso passado, tomado conselho e feito a nossa lista, passaremos a entrar em contato pessoalmente com aqueles a quem prejudicamos. Com a maior parte das pessoas, um sincero pedido de desculpas será plenamente suficiente. Com outras, talvez seja caso de fazermos uma restituição ou retificação; admitiremos, pois, faticamente o nosso erro diante delas e tomaremos providências imediatas para retificá-lo. Não há necessidade de rastejarmos nem de perdermos a dignidade, e faremos bem em guardar para nós as possíveis desculpas que possa haver para a nossa atitude passada; temos de limitar-nos a tratar da realidade em questão.

É importante tomarmos muito cuidado com a nossa atitude: não viemos para ser perdoados, para que pensem bem de nós, para reabrir velhas feridas, e menos ainda para receber um pedido de desculpas recíproco de gente que pode ter estado envolvida conosco naquele erro. A nossa finalidade é retificar a *nossa* ação, não a dos outros.

A maneira como os outros correspondem à nossa retificação não é da nossa conta. (Na verdade, a maior parte das pessoas são muito melhores e muito mais compreensivas do que pensamos, e mais de uma machadinha de guerra manchada de sangue foi enterrada em ocasiões como essas.) O que importa é a sinceridade da nossa ação. Se alguém quiser considerar-nos como inimigo, o problema será dele. Quanto a nós, não nos consideraremos inimigos de ninguém, mas também não deixaremos que as nossas atitudes sejam ditadas pelo que os outros fazem.

Muito bem; será que ainda sobra alguma coisa por enxugar? Vejamos, por exemplo, o que se passa com as nossas preocupações financeiras. Se não andamos bem durante algum tempo, é muito provável que tenhamos deixado em desordem os nossos negócios, e é quase inevitável que os nossos assuntos financeiros e fiscais necessitem de uma certa arrumação. A partir do momento em que decidimos ser pessoas conscienciosas, estamos mais do que ansiosos por acertar todas as contas — e duas semanas antes do vencimento!

Ora, a vida não é bem assim. Estamos fazendo o melhor que podemos, é verdade, mas temos de aprender a desconfiar dos remendos que parecem fornecer soluções imediatas. Invariavelmente descobriremos que, tendo imaginado soluções brilhantes para as nossas preocupações monetárias e tendo-as levado adiante com a mais recomendável diligência, só acabamos por complicar de maneira inacreditável a situação. Poderemos, por exemplo, ter visitado o gerente do nosso banco e, com a maior das boas vontades, aceitado pagar o empréstimo que havíamos contraído com juros muito superiores àqueles com os quais somos capazes de arcar na realidade; assim só criamos pressões ainda maiores do que as que já sofríamos e que já não éramos capazes de suportar. Não é uma boa maneira de nos sentirmos à vontade. Mas que fazer então?

A regra básica e mais elementar é esta: dizer a verdade. Se os nossos negócios são suficientemente complexos, devemos dirigir-nos a consultores profissionais competentes na matéria e pôr as cartas na mesa — todas, e com a face virada para cima. Depois, deixaremos as preocupações por conta desses profissionais: afinal de contas, é o trabalho deles. Mas faremos o que nos aconselharem: pois algum trabalho teremos que ter nós também.

Este tipo de operação pode magoar particularmente a nossa soberba, mas mesmo assim teremos de aprender a aceitar que, tal como as outras pessoas podem enganar-se em matérias financeiras e de negócios, nós também podemos. Muitos de nós, que já passamos por essa operação de «abrir o jogo», acabamos por encontrar as saídas e fomos tratados com mais respeito, cooperação e boa vontade do que em todos os anos em que não tivemos problema comercial algum.

Uma vez que tenhamos alcançado este estágio, e supondo que o nosso esforço tenha sido levado a cabo com honestidade e exatidão, cruzamos uma linha divisória importante, porque a partir desse momento já tomamos todas as medidas práticas que podia haver para estabelecermos um relacionamento confortável e equilibrado com Deus, conosco e com os outros. Procuramos reduzir-nos ao nosso próprio tamanho, limpamos os erros do passado, instalamo-nos numa consciência serena e não existe pessoa alguma a quem não possamos encarar de olhos nos olhos. A partir de agora, todos os nossos esforços terão de dirigir-se no sentido de mantermos o equilíbrio alcançado. E uma parte dessa mudança consiste em voltarmos a fazer parte da família humana como membros iguais aos outros, e em crescermos para fora aceitando, compreendendo e amando os homens. Já demos os primeiros passos nessa direção. Apliquemos agora aos nossos colegas de humanidade o que aprendemos acerca da condição humana.

Tivemos ocasião de ver que somos os filhos escolhidos, únicos, acarinhados e intensamente amados de um Pai divino, e que este título nos confere uma dignidade extraordinária e o direito ao respeito próprio e alheio. Agora temos de aplicar exatamente os mesmos princípios àqueles que nos cercam. Convém que tenhamos assimilado esses conceitos num nível bastante profundo. O fato de todos sermos «filhos de Deus» é mais do que um mero lugar-comum para discursos políticos; tem que ser uma realidade viva que imprima o seu colorido a todas as nossas atitudes e ações, e isso não é fácil. Aplica-se, por exemplo, às pessoas de quem não gostamos, às que nos repugnam e às que nos prejudicaram de alguma forma. Temos de trabalhar com constância a fim de transformarmos essa disposição interior num ato reflexo imediato diante de quem quer que seja.

Para nós, portanto, já não existem pessoas descartáveis nem gente «muito importante»: a dignidade inata de cada um é simplesmente a marca registrada de Deus impressa nele, e não algo que nós lhe concedemos graciosamente. Mas cada pessoa é humana e está sujeita às limitações de que falamos; portanto, tem o direito de:

1. Enganar-se de tempos a tempos.
2. Decepcionar-nos de vez em quando.
3. Estar cansada, irritada e confusa.
4. Enxergar as situações a partir de um ponto de vista particular e inteiramente diferente do nosso.
5. Deixar de estar à altura dos seus próprios padrões.
6. Sucumbir às suas próprias dores interiores e pressões ocultas, sobre as quais nada sabemos.

Exatamente o mesmo se aplica àqueles que amamos e que vivem mais perto de nós, e talvez neste caso seja particularmente difícil reconhecê-lo. Também a minha esposa, também o meu filho, ou pai, ou mãe, têm o direito de cair em erro, de ter os seus defeitos, de decepcionar-me e de fracassar. Somos suficientemente reais para compreendê-lo, e deixar de lado as nossas queixas e lamúrias infantis?

Tentemos, pois, esboçar as linhas mestras de um «curso-relâmpago» de relações humanas, tendo em conta esses princípios:

1. A maior parte das pessoas age da melhor maneira que sabe e, se souberem mais, agirão melhor. Muitos dos que se revelam rudes e hostis, oportunistas e manipuladores, agem assim porque é a melhor forma que conhecem de lidar com as situações em que se encontram. Como é que sabemos isto? Bem, como é que éramos nós antes de que alguém nos agarrasse pela manga e nos ensinasse modos melhores?

2. As pessoas que nos tratam de maneira azeda muitas vezes não se aperceberam por completo de que estamos diante delas; o que estão fazendo é simplesmente dar expressão a uma dor interna que nada tem a ver conosco.

3. Em geral, as pessoas respondem-nos exatamente com a mesma medida de afeto e de cortesia que nós lhes oferecemos. Amor com amor se paga. Muitas vezes, a melhor maneira de ultrapassar a barreira do mau humor alheio é um ataque frontal amistoso. Esqueça as táticas do tipo «como fazer amigos e influenciar pessoas»: todos os tipos de manipulação, seja qual for o nome que lhes demos, cheiram igualmente mal.

4. Podemos ir aonde bem entendermos sem nunca encontrar alguém pior do que

nós. Pense bem nisto. Podemos encontrar gente mais adoentada ou mais louca do que nós, gente que não teve oportunidade de receber a formação que recebemos, ou gente que carrega uma cruz que nos partiria em dois — mas gente pior do que nós? Se nós tivéssemos estado submetidos às mesmas influências e pressões que eles, por acaso seríamos melhores?

5. Há uma teoria segundo a qual os defeitos que mais nos desagradam nos outros são exatamente os mesmos que nos recusamos a reconhecer em nós próprios. Teoria... ou verdade? Eis-nos de novo olhando para o teto durante as horas insones da madrugada...

6. Quem são os nossos heróis? Pomos os nossos olhos nas pessoas que protagonizam as manchetes dos jornais, nas estrelas do esporte, nos artistas ou outras figuras públicas, deixando de ver que atrás de qualquer porta fechada de qualquer vilarejo ou aldeia pobre há heroísmo suficiente para deixar alvoroçadíssimos os meios de comunicação? Se são heróis o que queremos, basta batermos à porta do vizinho.

Mas ponhamos este argumento de cabeça para baixo. Será que nos lembramos também de que os famosos, os ricos e os poderosos não passam de pessoas comuns que vão levando as suas vidas, dia a dia, da melhor maneira que sabem? O princípio «viva e deixe viver» aplica-se de alto a baixo na escala social e por toda a parte.

7. Uma ou outra vez, a bola pula para o nosso lado, marcamos um gol e levamos o crédito, esquecendo que a jogada resultou da operação conjunta de todos os que se empenharam conosco, e que o conceito de «triunfo pessoal» não passa de mais um mito.

Levemos estes sete pontos ao liquidificador e observemos o resultado. Esse resultado será que todos os homens, ricos ou pobres, famosos ou desconhecidos, são nossos irmãos e irmãs da raça humana, e que apenas um único aspecto deles nos diz respeito: esta pessoa que se encontra diante de mim está bem? Se não está, que posso fazer por ela? E, se está, e nós não, tenhamos a humildade de perguntar-lhe que medidas tomou para estar assim.

Na medida em que o bem-estar dos outros passa a ser a nossa maior preocupação, algo de mágico acontece conosco. O nosso ego dolorido, do qual provinham todos os nossos problemas, começa a encolher, e acabamos por arrebentar o círculo da autocompaixão e por esticar-nos sobre a linha vertical da felicidade. Como os nossos valores pessoais agora estão investidos em metas interiores, deixamos de imitar os outros ou de tentar impressioná-los, de competir com o vizinho ou de permitir que seja ele quem defina o que devemos ser e como chegar lá.

Além disso, na medida em que deixamos de sentir necessidade de reconhecimento, louvor ou aprovação, podemos também sair de nós mesmos na direção dos outros, com espírito de fraternidade e de cooperação, e as velhas atitudes invejosas e competitivas acabam por morrer. Ganhamos consciência de que as nossas necessidades estão cobertas, e de que não temos exigências nem expectativas a impor aos outros. Passamos assim a estudar todas as situações em que nos encontramos do ponto de vista do serviço que podemos prestar aos outros, sem buscarmos nada em troca, porque já dispomos de tudo aquilo que nos faz falta.

Muito bem. E como nos tornaremos membros *integrais* da raça humana, genuínos irmãos e irmãs dessa grande família?

É muito mais simples do que representarmos o papel de escoteiros e nos dedicarmos a ajudar senhoras de idade a atravessar a rua, enquanto os nossos deveres ficam por cumprir e nos perguntamos por que razão essa mesma regra admirável não se aplica igualmente a jovens senhoritas. Um dos melhores modos de servirmos os outros não consiste em ajudá-los com ostentosa generosidade, como quem usa luvas brancas, mas em dar ouvidos às suas queixas e compreendê-los. Escutar com atenção total é extraordinariamente difícil, e poucas pessoas sabem fazê--lo bem.

Temos dois olhos, dois ouvidos e apenas uma boca, e assim a própria natureza nos sugere que deveríamos escutar quatro vezes mais do que falamos, pois os olhos, ao contrário do que nos ensina a tradição, também constituem aparelhos de escuta. O que torna difícil esta tarefa é que ouvimos as palavras, mas não aquilo que exprimem, porque, enquanto o outro fala, deixamo-nos absorver por alguns milhares de teorias pessoais que pululam na nossa imaginação e querem todas chegar simultaneamente à superfície para tomarem um pouco de ar, ou estamos ocupados em fazer as nossas anotações mentais, à espera de uma oportunidade de mostrar ao nosso interlocutor que temos muito mais do que um belo rosto.

Quando alguém nos dá a honra de pedir que lhe prestemos atenção — e esse pedido não costuma vir formulado como requisição datilografada, mas como simples observação casual —, toda a sintonia com essa pessoa depende de que ela possa sentir-se em pé de igualdade conosco e de que partilhemos dos seus problemas. É a vez dela, não a nossa; nós próprios não contamos aí. Todos os conselhos que tenhamos para dar, todas as nossas historietas ilustrativas e admoestações do tipo «eu, se fosse você...», tudo isso não conta para nada.

É, pois, muito importante que evitemos a «síndrome do assistente social», e que sejamos tudo aquilo que o assistente social não é. O assistente, normalmente, não tem nenhum interesse real pela pessoa a quem tem de ajudar, mas apenas pela sua própria técnica, pela sua capacidade de obter determinados «resultados» e de emitir determinadas «respostas». Por isso, esses senhores costumam ser incapazes de relacionar-se com os outros como seus iguais, e quase sempre encontram-se cercados de mães solteiras, alcoólatras, esposas que apanham em casa, ou quaisquer outras pessoas suficientemente vulneráveis para lhes alimentarem a ilusão da superioridade do «grande homem» que além disso se dedica o tempo todo a farejar o chão à procura de alguém que «tenha problemas».

Se não quisermos tornar-nos meros assistentes sociais, devemos concentrar toda a nossa atenção na necessidade que o outro experimenta de dar vazão à sua dor. O fato de termos ou de deixarmos de ter uma resposta para ele pouco importa; o que interessa é criar uma atmosfera receptiva e afetuosa, em que a pessoa possa externar as pressões internas e ir abrindo o seu próprio caminho na direção da verdade. No fim das contas, trata-se de pouco mais do que de sermos capazes de comunicar tacitamente a sincera mensagem: «Não tem importância nenhuma».

É que, na verdade, ajudar os outros não é um ato *nosso*; de vez em quando, geralmente sem que tenhamos muita consciência disso, *somos utilizados* por Deus como instrumento para dar paz aos outros. E é uma sensação boa, cálida, estar por perto quando isso acontece.

UNINDO AS PEÇAS SOLTAS

Vamos dar uma olhadela no que andamos fazendo até agora e atemos as pontas soltas. Quando você e eu nos encontramos, nas primeiras páginas, estávamos passando mal. Fossem quais fossem os detalhes, o fato é que estávamos vivendo de maneira neurótica e tínhamos perdido a plena conexão com a realidade. Introduzimos o conceito de «estar à vontade», e descobrimos que não nos sentíamos à vontade com Deus, conosco ou com os outros. Passamos, pois, a tomar medidas ativas para crescer nessas três dimensões: para cima, a fim de conhecermos a Deus; para dentro, a fim de nos conhecermos a nós mesmos; e para fora, a fim de conhecermos os nossos irmãos e irmãs da família humana.

Isso custou-nos um pouco. Tivemos de abrir os nossos horizontes, deixar de lado inúmeros preconceitos e ideias envelhecidas que nos tolhiam o passo, eliminar os adiamentos e tragar umas quantas verdades pouco saborosas acerca de nós mesmos. Depois descobrimos alguma coisa mais, qualquer coisa de emocionante: pouco importando quão difícil parecesse o caminho que ainda faltava percorrer, quando dávamos honestamente os primeiros passos, a realidade nunca se revelava tão cruel como a tínhamos imaginado a princípio, e encontramos no nosso íntimo reservas insuspeitadas de sinceridade e coragem. Alguma força superior às nossas capacidades conhecidas estava fazendo o trabalho por nós.

Ora, enfrentarmo-nos a nós mesmos é a tarefa mais difícil de todas, e, se atingimos esse ponto, não deixamos de merecer algum crédito e temos o direito de pensar bem de nós mesmos. Não fomos caminhando por uma estrada agradável. Se é bem verdade que a coragem e a humildade de que tivemos necessidade para avançar tanto como avançamos nos foram concedidas como dons, também é verdade que sempre teve de estar presente uma exigência preliminar, sem a qual o próprio Deus não teria podido intervir: a nossa vontade. Nada teria sido possível sem ela. A felicidade e o bem-estar próprios deste modo de viver não se encontram ao alcance de quem precisa deles; só estão ao alcance de quem os quer. Quando a nossa vontade participa da jogada, tudo se torna possível.

Por maiores que tenham sido as nossas faltas em matéria de confiança, humildade, honestidade e coragem, bastou que tomássemos a decisão de começar, e esses instrumentos nos foram fornecidos durante a jornada. O poder que estava por trás de nós era infinitamente superior aos obstáculos que tínhamos diante. Mas fomos nós que tivemos de tomar as providências básicas: voltar-nos para Deus, fazer um bom exame e relacionar-nos com os outros num espírito de serviço e de cooperação. E que aconteceu depois?

Aconteceu que a vida ganhou uma serena beleza. Adquirimos uma paz interior que antes não conhecíamos, um equilíbrio e uma maturidade maiores ao lidarmos com os nossos problemas, e uma maior habilidade no relacionamento com os outros. Acabaram as velhas correrias e preocupações neuróticas por tudo e por nada, e passamos a ser capazes de ajustar-nos ao ritmo da música. Como paramos de queimar metade das nossas energias mentais em tentativas inúteis de equacionar todos os problemas e em lamúrias estéreis a respeito de coisas que nunca acontecem, a nossa saúde psíquica e física melhorou, e passamos a olhar de um modo novo para tudo o que nos cercava e a desfrutar da vida em todos os seus aspectos, ganhando novos amigos e novos interesses que se expandiram sem cessar. Por fim, acabamos por descobrir o «segredo» da vida: quando aquilo que há para ser feito está sendo feito de maneira consistente e diária, os problemas cessam.

Temos razão. Mas é uma meia razão. A soberba, o egoísmo e a preguiça inerentes à natureza humana continuam a marchar ao nosso lado e a acompanhar-nos em cada passo do nosso caminho, sem jamais adormecerem. A soberba começa a sussurrar ao nosso ouvido que tudo está feito, que a parte mais dura terminou, e que agora é o momento de nos reclinarmos e de vivermos de rendas. O egoísmo continua a ter ideias próprias, e agora que as pusemos em ordem, quer levá-las avante. A preguiça gosta de esquecer-se dos seus deveres e de levar tudo na brincadeira, e não lhe agrada nada viver o tempo todo roçando com a dura aresta da realidade. Pouco a pouco vamos diminuindo a intensidade dos nossos esforços, reduzimos a marcha e, num tempo comparativamente curto, eis-nos de volta à depressão, tão preocupados e angustiados como sempre. Pior ainda, vemo-nos invadidos pela sensação de que o mundo desabou e começamos a suspeitar que também este método não funciona.

Não se assuste. Todos nós passamos por estes momentos difíceis. O que acontece não é que os princípios não funcionam, mas que somos nós que não funcionamos: negligenciamos os nossos deveres, deixamos de tomar as providências necessárias. A vida tem de ser vivida dia após dia; não chegará nunca o momento em que seremos libertados por bom comportamento, nem há férias coletivas. O ponto a partir do qual tudo estará feito simplesmente não existe. A nossa soberba, o nosso egoísmo e a nossa preguiça acompanhar-nos-ão até o túmulo, e não se conhece nenhum tipo de cirurgia espiritual, psicológica ou fisiológica capaz de removê-los. A felicidade não nos chega flutuando com a brisa; tem de ser conquistada à força de trabalho, dia após dia e todos os dias.

É hora de fazermos uma pausa para pensar. Pode perfeitamente acontecer que estejamos apenas exagerando o aspecto «linha dura» da questão ao prevenirmo-nos uns aos outros de que a nossa nova vida exige esforço. Convém reconhecermos que a luta exige esforço, e muito, mas não há necessidade de exagerar as dificuldades. O fato de alguma coisa ser difícil não significa que não seja emocionante nem dê prazer, como aquelas recomendáveis pessoas que se dedicam a desferir pontapés em inocentes bolas de couro serão as primeiras a confirmar. Se levarmos a atitude «linha dura» demasiado longe, daremos a impressão de que este modo de viver é tenso e desprovido de alegria, e de que nós somos uns mártires heroicos. Já é suficientemente ruim que demos essa impressão aos outros, mas seria fatal que a déssemos a nós próprios. A vida existe para ser desfrutada, não para ser suportada. Se não rimos bastante, é porque há em nós qualquer coisa de errado, e é hora de recapacitarmos e de termos uma boa conversa com o nosso conselheiro espiritual.

Há um segundo erro que todos costumamos cometer, e se nos debruçarmos rapidamente sobre ele podemos economizar muitos incômodos. A conversão é algo que pode subir-nos à cabeça. O primeiro impulso é empoleirar-se no telhado e proclamá-la ao mundo inteiro. Infelizmente, as pessoas que tomam semelhantes atitudes costumam ser retiradas lá de cima pelos bombeiros, enquanto o resto do mundo segue adiante pelo seu «alegre caminho». Todos nós sabemos muito bem que impressão nos causam essas pessoas que parecem ter dado um mau jeito na coluna de tão empinadas que andam, e que saltam e exclamam «Louvado seja o Senhor» todas as vezes que o seu isqueiro funciona.

Se você e eu tivermos tido suficiente bom-senso para não cair nessas armadilhas, ainda nos faltará evitar um terceiro tipo de ciladas. À medida que crescemos por dentro e começamos a olhar à nossa volta e a ganhar um saudável interesse pelos outros e pelo modo como vão indo, passamos também a compreender algumas das razões pelas quais as pessoas claudicam e a perceber que muita gente que admirávamos, e outros que simplesmente considerávamos «normais» — seja lá o que isso for —, não estão tão inteiros como pensávamos. O que estamos presenciando, nestes casos, obviamente não é mais do que uma evidência da nossa comum humanidade. Mas voltamos a esquecer que é assim, e de alguma forma se nos mete na cabeça a estranha ideia de que só nós conhecemos a resposta para o problema do ser humano.

Mais ainda, podemos sentir-nos tentados a pensar, não somente que conhecemos essa resposta, mas que temos obrigação de explicá-la com ares dogmáticos aos outros. Compreensivelmente, semelhante atitude causará ressentimentos e embaraços nos que nos cercam. Os outros, tal como nós, vão muito bem, obrigado, por graça de Deus e por uma pequena ajuda dos seus amigos, e fizeram muita coisa antes de que nós descêssemos da nossa montanha com a intenção de salvar o mundo. Ou seja, a melhor política, no nosso caso, é mantermos as nossas bocas bem fechadas e guardarmos as nossas teorias no fundo do baú, e somente dizer o que temos a dizer na medida em que os problemas alheios nos digam respeito e depois de termos sido abordados.

Se nos apanharmos representando o papel de «assistente social», ou farejando o chão à procura de alguém que deseje ansiosamente tocar a orla do nosso manto, ou ainda transformando todas as conversas num jogo «vamos brincar de psiquiatra», não estaremos considerando os outros nossos iguais, mas, pelo contrário, estaremos perdendo de vista a nossa própria vulnerabilidade e humanidade. Há uma diferença de cento e oitenta graus entre *estar disponível para os outros,* por um lado, e *dizer às pessoas o que devem fazer,* por outro. «Viva e deixe viver» é o lema*.

Às vezes, a vida *parece* enveredar por rumos efetivamente muito ruins. Estamos fluindo alegremente, todos os dias são bonitos, e os milagres vão acontecendo. Os negócios correm bem, o trabalho avança, os problemas vão-se resolvendo, e enfim nos sentimos à vontade. Os anos negros ficaram

---

(*) Como é evidente, o autor refere-se aqui — de acordo com a finalidade do livro — à ajuda que pode ser prestada aos que sofrem de depressão ou de outros problemas psíquicos, por aqueles que — tendo passado pelos mesmos problemas — conseguiram superá-los. Não pretende, portanto, formular normas válidas para todo o apostolado cristão. A Igreja ensina que o cristão, em virtude da sua união com Cristo, tem o direito e o dever de realizar apostolado, de tomar iniciativas e de trabalhar ativamente — com o seu exemplo e a sua palavra oportuna — para que a mensagem divina da salvação seja conhecida por todos os homens (cf. Concílio Vaticano II, Decreto *Apostolicam actuositatem,* n. 3). [N. do T.]

definitivamente para trás, e daqui para a frente pretendemos vencer todos os *rounds* e mostrar à multidão quem somos. De repente, tomamos uma pancada inesperada nas costelas que nos faz contorcer-nos todos. Quando levantamos o braço para proteger o peito, levamos um direto no queixo, e, se tentamos revidar, caímos numa sequência de golpes que não prevíamos e acabamos por ser lançados fora do ringue. Se é assim que Deus demonstra a sua amizade, quem precisa de inimigos? Sentimo-nos confusos e desiludidos. Será que alguém pode ter a bondade de dizer-nos o que foi que aconteceu?

O que acontece é que a vida não é justa. Nunca foi nem jamais será. O bom menino que se dedicava a praticar *jogging* e não fumava nem bebia cai morto aos trinta anos de idade. O aprontador «jogo duro» que fuma como uma chaminé de fábrica e bebe óleo diesel de uma velha botina morre pacificamente na cama, com cento e quatro anos de idade, cercado pela sua extremosa família e fortalecido pelos ritos da Santa Madre Igreja. O homem frugal vive na pobreza, ao passo que o grande perdulário ganha na loteria. Todos nós sabemos disso e o aceitamos; mas aceitamos que seja assim com relação a nós mesmos? Os outros podem perder o emprego, arruinar-se e estatelar-se contra a parede, mas nós, não! Somos especiais. Decidimos correr na pista da direita e, uma vez que somos fervorosos na nossa oração, Deus — louvado seja! — tem obrigação de fazer a nossa divina vontade.

Mas agora sentimo-nos inteiramente quebrados e confusos. Que fazer? Vamos adiante. Embarcamos nesta viagem, e só um perdedor foge de bordo em Marselha. Se permanecermos no navio e suportarmos a tempestade, esse redemoinho interior levar-nos-á a uma compreensão mais profunda da realidade.

Descobriremos que estávamos apenas comerciando com Deus; que nos tínhamos agarrado à nossa agenda pessoal e tentávamos convencer Deus a tomar a peito os nossos compromissos. Na realidade, ainda não tínhamos derrotado a nossa soberba e amor-próprio. E assim alcançamos aquilo que os jogadores experientes chamam «segunda rendição». Compreendemos agora que aceitar os princípios da vida espiritual como teorias muito interessantes não é o mesmo que transformá-los num modo de vida. Fazemos pouco a pouco o lento aprendizado da aceitação — mas num nível mais profundo. Vemos, por fim, que o que interessa não é se estamos perdendo ou ganhando, mas o modo como jogamos cada rodada. E descobrimos enfim que qualquer diletante pode sair-se bem com vento favorável, mas que é necessário ser profissional para continuar sorrindo quando um dos olhos está entumescido e sangrando.

Desta vez, faremos as coisas de outra maneira. Desta vez, deixaremos que seja Deus quem carregue com as nossas preocupações e quem suporte as pressões, enquanto nós nos deixaremos conduzir e não faremos mais do que o que podemos suportar. Procuraremos aconselhar-nos um pouco mais com os nossos amigos e com o nosso conselheiro espiritual, e seremos um pouco mais honestos ao expor-lhes o nosso íntimo. Admitiremos com mais facilidade aquilo de que não somos capazes, e seremos mais rápidos em buscar ajuda. Noutras palavras, voltaremos a deixar o leme nas mãos de Deus e passaremos a viver um dia de cada vez, fazendo aquilo que fomos criados para fazer: alegrar-nos com a vida.

Se o fizermos, começaremos a perceber que o mau pedaço que passamos não foi um retrocesso, mas uma experiência essencialmente importante, que nos conferiu uma capacidade maior de estarmos serenos e contentes, e, na medida em que a nossa humildade se tiver tornado mais genuína, nos impedirá também de sentir-nos amedrontados diante da perspectiva de uns tempos de aperto. Teremos avançado mais um passo na luta contra os nossos desejos egoístas e contra a contínua sensação de insegurança que costumava oprimir-nos.

De agora em diante, a nossa segurança dependerá exclusivamente de Deus, não mais da nossa capacidade pessoal de organizar os nossos negócios. Assim passaremos a entender a realidade de uma forma nova: perceberemos que as coisas não «vão mal» nem «vão bem», mas simplesmente «vão». O que no fundo queríamos dizer, ao afirmar que as coisas «corriam bem», era que o nosso ego se sentia lisonjeado e os nossos planos e conveniências egoístas encontravam satisfação; e, ao afirmar que «corriam mal», que o nosso amor-próprio e as nossas ambições estavam sendo contrariados. Agora sabemos o que é *contentar-se*, pois percebemos que «ganhar» e «perder» são apenas percepções do nosso ego, e não a realidade. Acabamos, pois, por superar os períodos de dificuldades com horizontes mais amplos e com mais compaixão por aqueles que estão suportando as suas próprias dores.

Desta vez, faremos o melhor que podemos, e nada mais. Investiremos a longo prazo. Aprenderemos a sentar-nos e a esperar quando necessário, para podermos acompanhar o ritmo da torrente. Deixaremos as coisas acontecerem.

E elas o fazem. De muitas maneiras lentas e misteriosas, somos levados às coisas de que precisamos para a nossa felicidade. Rasgamos a «lista de compras» e aprendemos a contentar-nos. Da próxima vez em que tudo «der errado», ficaremos tranquilos, porque enfim saberemos que estamos sendo conduzidos pela mão até uma situação melhor.

Aprender a abandonar-se assim não é fácil. Há um abismo quase intransponível entre dizê-lo e fazê-lo. Podemos lançar-nos de joelhos e clamar: «Ó meu Pai, em Vós confio!», e no entanto limitar-nos a emitir o som dessas palavras. Na verdade, exagerando um pouco, só saberíamos de verdade viver o abandono se fôssemos capazes de permanecer tranquilos num carro fechado a alta velocidade com o motorista bêbado, quando se aproxima uma curva fechada... Mas tampouco isto é matéria que deva tirar-nos o sono. Todos nós, no começo, pensamos não ser capazes de chegar a este ponto. Depois descobrimos que sim, que somos capazes e, mais ainda, que o fazemos. O segredo está em tomarmos muito cuidado em não fazê-lo por nossa própria conta, mas por amor a Deus.

AS NOVAS ATITUDES

A maioria de nós tem atitudes fixadas que imprimem uma determinada tonalidade às nossas respostas diante de qualquer estímulo, e sobre as quais na verdade nunca chegamos a refletir bem. Essas atitudes, na verdade, não passam de hábitos mentais, de modos de encarar o mundo, e nessa medida podem ser muito úteis. Se estiverem bem ajustadas, permitir-nos-ão viver quase que por instinto, sem necessidade de pensarmos acerca de cada situação em que nos encontremos. É bom sermos capazes de agir assim, confiando no piloto automático, sem necessidade de levar a cabo uma espécie de pesquisa de opinião no interior da nossa cabeça de cada vez que queiramos decidir alguma coisa.

Mas os nossos hábitos mentais podem também ser muito prejudiciais e até autodestrutivos. A questão, portanto, não é se as nossas atitudes agradam aos outros, mas se nos ajudam a viver a vida como uma experiência feliz e cheia de sentido. Em outras palavras, que tipo de roteiro é esse que temos na nossa cabeça e que dita as nossas respostas diante das realidades que nos cercam? As nossas atitudes são úteis ou prejudiciais para nós?

Não teremos de pensar demasiado para dar a resposta. Se andamos sofrendo de preocupações e ansiedade constantes, de depressões recorrentes, é evidente que estamos funcionando de acordo com um roteiro interno bem pouco adequado. O nosso equipamento emocional, o modo como pensamos e reagimos, não tem funcionado bem. Temos que mudá-lo. E lá vamos nós de novo: mais trabalho!

Tal como em todos os casos que discutimos anteriormente, temos diante de nós uma alternativa: ou dividir o problema em pequenas porções simples, ou sobrecarregar o nosso cérebro com toneladas de teorias irrelevantes. Comecemos por estabelecer algumas noções simples. Se nos vemos a braços com atitudes pouco sadias, será necessário: a) descobrir quais são; b) pôr em questão as suas raízes, e c) esforçar-nos por modificá-las.

Quanto ao primeiro item, já localizamos as nossas atitudes viciadas mediante o exame de consciência, e na medida em que nos ativermos a ele diariamente não deixaremos de compreender, cada vez melhor, quais são. Quanto ao segundo, sem derivarmos na direção de uma psicologia mais pesada, bastará que observemos que parte das atitudes menos saudáveis e mais profundamente arraigadas que fomos adquirindo ao longo da vida derivam das influências que se exerceram sobre nós na infância. Se os nossos pais e educadores tivessem sido infinitamente sábios ao educar-nos, seria bastante tolo que puséssemos em dúvida algumas das coisas que nos ensinaram; mas o normal é que não o tenham sido. Tal como nós, foram ou são seres humanos falíveis, submetidos às suas próprias pressões e limitações, perfeitamente capazes de ter defeitos e, em algumas questões, com certeza bastante enganados. O que não faz deles pessoas más, e sim seres humanos.

Ao examinarmos as nossas atitudes, temos pois de aprender a pôr em dúvida os hábitos que formamos na infância e a separar de maneira razoável o que nos serve e o que não. Temos obrigação de viver as nossas próprias vidas e de encontrar por nós mesmos as verdades e os valores que merecem ser vividos. Não temos o direito de evadir-nos, engolindo por atacado as regras de jogo estabelecidas pelos outros, mesmo que se trate dos nossos familiares. Em muitos casos, os nossos pais e educadores poderão ter crescido numa época em que reinava uma severidade excessiva e mal compreendida, e em que a dignidade inata da pessoa humana e a necessidade que o ser humano tem de afirmar-se, ao invés de ser continuamente criticado, não eram reconhecidas com tanta clareza como hoje em dia.

Quanto ao terceiro ponto, precisamos ganhar consciência de que não se mudam hábitos arraigados simplesmente tomando uma decisão. Depois de detectarmos os nossos defeitos, teremos de observá-los em detalhe, ver como determinam as nossas ações e desferir-lhes uma paulada sempre que vierem à superfície para respirar. Não é fácil fazê-lo. Se nos sentimos dominados por sentimentos de culpa doentios ou reagimos com medo diante de tudo, teremos de trabalhar intensamente a fim de reverter esses hábitos mentais. Mais uma vez vislumbramos como é importante mantermos estreito contato com o nosso conselheiro espiritual. Modificar radicalmente os nossos modos de pensar é algo que se encontra além das nossas possibilidades exclusivamente pessoais, e talvez seja esta a primeira atitude a modificar.

Ao enfrentarmos as influências que herdamos da infância, descobriremos que há um verme em particular que nos costuma roer por dentro e roubar-nos como nenhum outro a paz de espírito: o dos ressentimentos. É um campo que exige especial empenho. De que se trata mais exatamente?

A palavra *ressentimento* significa «voltar a sentir». Trata-se de uma espécie de fita de vídeo particular que guardamos na nossa cabeça e que passamos e voltamos a passar até sabermos de cor e salteado cada linha e cada cena. Se o vídeo registrasse dias felizes passados ao sol, é bem verdade que não haveria um modo melhor de usar a memória. Em geral, porém, não se trata desse tipo de filmes.

O vídeo a que se costuma chamar ressentimento é justamente o que registra as cenas em que fomos machucados, humilhados, confundidos ou tratados de maneira injusta por alguma pessoa ou situação do passado. Costuma ser tecnicamente de primeira qualidade: cada cena e cada palavra têm o brilho de um diamante, a trilha sonora é quadrafônica, e a dor e a humilhação que o incidente nos causou voltam uma e outra vez com toda a força. Pode ter sido filmado ao ar livre ou no estúdio (ou seja, os nossos ressentimentos podem ser reais ou imaginários), mas pouco importa. Seja como for, machuca-nos profundamente, suscita intensa ira no nosso íntimo e leva-nos a jurar vingança: mesmo que levemos um milhão de anos, chegará o momento de ajustarmos todas as contas e de acertarmos todas as dívidas...

Não é possível superar os ressentimentos mediante o raciocínio; aliás, nós mesmos sabemos muito bem que isso não passaria de um exercício sem sentido. As pessoas de quem juramos vingar-nos estão polidamente cuidando das suas próprias vidas, sem a menor consciência de se encontrarem incluídas na nossa «lista negra», e o mais provável é que não estejam sequer pensando em nós. E nós, pobres mortais tolos, dedicamo-nos a conceder-lhes alojamento gratuito nas nossas cabeças, a dar-lhes a oportunidade de nos ferirem uma e outra vez, e ainda por cima pagamos a filmagem... Sabemos perfeitamente que não alcançaremos a paz de espírito enquanto não nos livrarmos da nossa coleção de *home videos*. Mas como? Quem quererá comprá-la?

Mesmo tendo encaixado todas as razões certas no lugar certo, podemos perfeitamente fazer a coisa de maneira errada. Podemos, por exemplo, decidir friamente «deixar tudo isso para trás», desligar o televisor e fingir que nada aconteceu. Mas a dor emocional não se deixa prender assim: tem necessidade de exteriorizar-se. Se tentarmos emparedá-la, começará a arder e acabará por explodir; há mesmo alguns psiquiatras que afirmam que a depressão não é mais do que uma ira dirigida para dentro por não ter sido expressa no momento em que devia. Ou então podemos sentir-nos magoados, mas decidir imediatamente esquecer o assunto, e depois de alguns dias descobrir um fantasma inquieto a rondar pela nossa cabeça sem que saibamos o que é.

A verdadeira solução é dirigirmo-nos rapidamente ao conselheiro espiritual ou confidente que tenhamos escolhido para contar-lhe o que aconteceu. Não deixamos nada de lado: relatamos o incidente narrando o que sentimos na ocasião e o que sentimos agora. Damos expressão às nossas emoções, à raiva, à vergonha e à humilhação que nos dominaram. A objetividade da pessoa que nos ouve — e a nossa própria humildade, ao revelarmos a nossa dor e a nossa fraqueza — extraem quase todo o veneno aos acontecimentos. Desta forma, ao invés de permanecermos sentados e de tentarmos resolver o assunto por nossa própria conta, tomamos a decisão de agir, o que por si só trará consigo a sua recompensa. E assim faremos a experiência de que um sem-número de coisas sobre as quais nos parecia difícil falar se tornam triviais quando conseguimos exteriorizá-las.

Depois meditaremos alguns momentos sobre a pessoa que nos feriu, não de maneira vingativa, mas de forma compassiva e compreensiva. Não há ninguém debaixo do céu que não tenha algo de bom, e se pensarmos no outro sem prevenções, descobriremos que esta regra também se aplica a ele. Lancemos mão de um pouco de *fair play*. houve momentos no nosso passado em que nós mesmos machucamos os que nos cercavam ou fomos injustos com eles. Muito razoavelmente, perdoamo-nos essas nossas faltas, reconhecemos a nossa falibilidade humana, e aceitamos que houve épocas em que o nosso desempenho não era lá muito primoroso; agora, trata-se de aplicar exatamente a mesma tolerância à pessoa que nos ofendeu. Pode ser que ela tenha cometido um grande erro ao dizer ou fazer o que fez, mas com toda a certeza não detém o monopólio de todos os erros. E não é preciso ser matemático para descobrir que o normal será perdoá-la sem reservas, e com o mesmo coração grande com que nos perdoamos a nós mesmos.

Mas ainda não basta. Ao perdoarmos os outros, facilmente nos sentimos elevados a grandes alturas morais; no entanto, esse é um pedestal ao qual nunca deveríamos subir, pois as nossas cabeças simplesmente não suportam as altitudes elevadas: ao perdoar, costumamos assumir ares de falsa dignidade, pensando em como fomos generosos. Também esta é uma atitude que será preciso superar: se pretendemos estar afinados com a realidade, temos de chegar a perceber que, no fundo, não existe nada a ser perdoado. É bom pensar que todo o mundo, mesmo a pessoa mais desagradável, costuma fazer o melhor que sabe; se soubesse mais, faria melhor. Dadas as limitações da condição humana, as circunstâncias da situação e as pressões internas que todos sofrem e que nós não conhecemos, em muitas ocasiões era impossível ou muito difícil que essa pessoa se comportasse de maneira diferente do que fez. Esqueça a história de «perdoar» com o ar superior do ofendido: não há nada a perdoar. Quem concede o perdão assume às vezes poses demasiado farisaicas.

E se as pessoas que estivermos tentando «absolver» dos nossos ressentimentos por acaso forem os nossos pais ou educadores? Então, nem mesmo isto basta, se de verdade desejamos tornar-nos reais. Temos de conseguir compreender que não só fizeram o melhor que podiam, mas que alcançaram um excelente resultado. O que não significa, mais uma vez, que tenhamos obrigação de engolir tudo o que nos foi proposto na infância — como já vimos, temos obrigação de descobrir por nossa própria conta as regras do jogo —; mas também não significa que, nos nossos esforços por afirmar-nos como pessoas humanas, devamos descartar o bem juntamente com o mal ou negar honra a quem a merece.

Em suma, livrar-se dos ressentimentos não é um acontecimento; é um processo, e requer esforço. E se queremos sentir-nos livres em nós mesmos e conhecer a paz de espírito, temos de levar a cabo esse esforço. Os ressentimentos não se vão embora sozinhos; simplesmente escondem-se durante algum tempo e acabam por explodir mais tarde, no pior momento possível. Há alguma evidência em favor da tese segundo a qual muitas doenças físicas (como os problemas cardíacos e alguns tipos de câncer) poderiam originar-se de ressentimentos reprimidos ou de uma amargura interiormente acalentada.

Quando expomos consistentemente e com sinceridade os nossos velhos ressentimentos ao nosso conselheiro espiritual, e lançamos fora os novos à medida que se apresentam, acaba por produzir-se em nós uma mudança muito profunda da atitude que temos diante dos outros. Libertamo-nos da nossa velha sensibilidade espinhenta e deixamos de procurar ocasiões para nos sentirmos insultados. Pomos fim às nossas infantilidades absurdas — como por exemplo exigir que os outros nos peçam desculpas ou insistir nalguma demonstração tola de dignidade —, e uma tolerância ampla, que nos custou trabalho desenvolver, acaba por tornar-se quase instintiva, de modo que chegamos a desenvolver uma genuína compreensão diante das limitações alheias.

Por outro lado, se não nos submetemos a este exercício, seremos sempre dirigidos pelo nosso passado, estaremos sempre dispostos a sentir-nos ofendidos e a nossa serenidade acabará por ser varrida pela primeira pessoa que cruze no nosso caminho e que por acaso se tenha levantado com o pé esquerdo.

A moeda da tolerância tem ainda uma outra face muito importante. A nossa paz interior tem de ter valor para nós, porque é difícil de alcançar e, às vezes, difícil de conservar; por isso, convém que mantenhamos distância das pessoas, dos lugares e das situações que nos causaram ou causam inquietações.

Infelizmente, é uma triste realidade desta vida que algumas pessoas nunca chegam a amadurecer, que outras são mais doentias do que a média, e que existem aquelas por cujas veias só corre veneno. São os que se regozijam com mexericos e exultam diante do mal alheio, e são incapazes de conversar durante certo tempo sem ventilar o seu despeito ou estabelecer comparações. É que não conseguem manter-se à tona sem afogar os outros.

Não precisamos sentir-nos superiores a tais pessoas; elas funcionam assim porque não conhecem modo melhor de fazê-lo; mas nada nos obriga a pôr em risco a nossa serenidade mantendo um contato habitual com elas. Como tendemos a assumir a tonalidade emocional daqueles com quem nos relacionamos habitualmente, o melhor será que convivamos com gente alegre e nos mantenhamos afastados daqueles que se deliciam em pensar negativamente. E se não tivermos outro remédio senão lidar com eles, trataremos rapidamente dos negócios que tenhamos de tratar, desejar-lhes-emos um bom dia e nos iremos embora correndo.

Dá trabalho fazer das atitudes sadias uma resposta automática. O soldado passa horas treinando-se no uso das armas e assumindo a posição de sentido, a fim de poder responder automaticamente aos comandos. Vistos de fora, esses exercícios parecem bastante estúpidos, mas visam condicionar a pessoa a reagir de maneira automática para que, no momento em que esteja sob o fogo inimigo e não tenha tempo de raciocinar, esteja capacitada para salvar a própria vida e a dos seus camaradas mediante um ato reflexo. Se não se tivesse treinado, ver-se-ia obrigada a refletir sobre o que precisa fazer, e provavelmente não teria tempo.

O mesmo acontece com as nossas atitudes. Se desejamos viver como pessoas tranquilas e relaxadas, temos de treinar conscientemente as nossas respostas diante das variadas situações da vida, até se tornarem hábitos. Tal como o soldado, temos de responder prontamente com a certeza de que Deus, tal como conseguimos entendê-lo, nos ama e nos aceita; de que nós próprios nos amamos e nos aceitamos; e de que todas as pessoas que encontramos são exatamente iguais a nós, seres humanos bons e dignos que geralmente procuram fazer o melhor que podem em circunstâncias por vezes muito difíceis. Quanto mais profundamente cimentarmos estas três atitudes no nosso repertório de pensamento reflexo, tanto mais fácil será a nossa vida.

Se realmente cremos que a Inteligência Criadora proverá as nossas necessidades e guiará as nossas vidas, não nos fará mal algum que deixemos de criar inimizades com tudo e com todos. Não temos de competir com ninguém, não precisamos saber as respostas para todos os problemas nem equacionar todas as questões.

E como nos treinamos para adquirir essas novas atitudes? Já vimos que são *modos de pensar* habituais; assim, na medida em que reflitamos com constância sobre elas e as pratiquemos, na medida em que «nos concentremos nelas», como dizem os atletas, conseguiremos pouco a pouco que desçam do plano meramente racional e passem a informar os nossos reflexos. Mas precisaremos da perseverança do soldado, que passa horas e horas ao sol na praça de armas, repetindo interminavelmente o mesmo gesto.

NÃO COMPLIQUE

De todas as pessoas que existem neste mundo, nós somos aquelas que mais necessidade têm de carimbar a frase «Não complique» no dorso das nossas mãos. Se tivermos um histórico pessoal que inclua doenças depressivas, estados de ansiedade ou padrões de pensamento que tendam a tornar-se obsessivos, a razão é que construímos em nosso íntimo o hábito mental de intelectualizar tudo. Olhemos para trás e vejamos de onde se originou esse hábito.

Quando éramos crianças, os nossos professores costumavam dizer-nos: «Pense, pense. Use a cabeça». E tinham razão, como é evidente. Não seríamos capazes de extrair a raiz cúbica do número pi se não pensássemos a esse respeito. Mas a verdade é que abusamos dessa recomendação e imaginamos que, se acumulássemos um estoque suficiente de respostas e usássemos a nossa razão, seríamos capazes de resolver qualquer problema que se apresentasse.

Durante algum tempo, esse método funcionou. Com efeito, conseguimos equacionar todas as questões que enfrentamos — até certo ponto. E então a vida traçou meia dúzia de curvas, o método do «pense, pense, pense» deixou de funcionar, e todas as certezas que tínhamos desfizeram-se em cinzas.

Mas não aprendemos a lição. Fomos continuando a pensar com intensidade ainda maior. Pusemos os nossos cérebros a dar voltas, tentando prever as diversas hipóteses e encontrar a resposta para os nossos problemas. E neste processo tornamo-nos pessoas imensamente complicadas, incapazes de aceitar que há inúmeros problemas nesta vida que não se resolvem apenas com o raciocínio, e que há outros que simplesmente não têm solução. Não aceitamos que toda a realidade é um entrelaçado de coisas materiais e espirituais, cuja solução não se encontra exclusivamente no plano humano. Agora, temos de reverter todo o processo e aprender a usar a nossa cabeça de maneira mais razoável.

O que fomos descobrindo até agora são verdades revestidas de uma bela simplicidade. Mas o fato de serem «simples» não significa necessariamente que sejam «fáceis»; significa apenas que não são complicadas. Nelas encontramos, porém, algumas contradições aparentes que teremos de resolver, se ainda nos sobrar paciência suficiente para enfrentarmos mais algumas contradições...; e, para resolvê-las — acredite se quiser —, teremos de pensar sobre a maneira como pensamos.

Os índios Pueblos do Novo México deixaram perplexo o psiquiatra Carl Jung ao afirmarem que consideravam o homem branco louco por pensar com a cabeça. Com efeito, parece-me que não é à toa que nos referimos a gente com «a cabeça desarranjada», ou que damos pancadinhas na testa quando encontramos alguém mais doido do que nós mesmos. O índio pensa com o coração, e as tribos mais primitivas até mesmo com o estômago... E se observarmos o caos crescente em que a Civilização Ocidental vem mergulhando, não estará inteiramente fora de propósito perguntarmo-nos se, afinal de contas, esses povos não teriam alguma razão.

Na medida em que crescemos, todos vamos desenvolvendo um certo respeito pelo «outro lado» das nossas mentes. Começamos a utilizar o lado receptivo e intuitivo —

também receptivo em relação às luzes de Deus —; aprendemos que boa parte do nosso «pensamento» pode ser tranquilamente confiado aos juízos habituais da nossa boa consciência, e que podemos apoiar-nos com segurança na intuição que nos diz quando pegar e quando largar. Passamos a enfrentar a vida com renovada confiança em que, se deixarmos de lado os furiosos questionamentos cerebrinos, o nosso eu «sonhador» terá mais liberdade para desempenhar bem o seu papel no palco; e descobriremos assim que a mente humana é um instrumento muito mais sofisticado e perfeito do que jamais ousamos acreditar. Por fim, experimentaremos também que, para um coração simples e reto, é mais fácil sintonizar com a verdade simples e reta de Deus.

Depois destas considerações, poderemos enfrentar as aparentes contradições a que aludimos anteriormente sem nos sentirmos demasiado atemorizados e sem tentarmos encontrar argumentos intelectuais para todos os passos.

Onde se encontra, pois, o equilíbrio entre:

1. «Limitar-se a fazer», por um lado, e «deixar as coisas acontecerem», por outro?

2. «Empenhar-se honestamente», e «não exagerar no esforço»?

3. «Ser sincero», sem «levar tudo a sério»?

4. «Deixar que seja Deus quem guie as nossas vidas», e «ter iniciativas próprias»?

5. «Sermos nós mesmos», e «controlar o nosso ego»?

Estas indagações não têm resposta simples em pura lógica; na verdade, a resposta consiste na «sabedoria para conhecer a diferença», ou seja, num sistema de orientação externo a nós mesmos. Muitas pessoas que vivem conforme estamos recomendando fazem uso habitualmente da Oração da Serenidade:

Senhor, dai-me serenidade
para aceitar aquelas coisas que não puder
mudar,
coragem para mudar aquelas que puder,
e sabedoria para conhecer a diferença.

E aí está a nossa resposta: o que importa é pedir continuamente a sabedoria necessária para conhecer a diferença. Ora bem, não se armazena sabedoria somente na cabeça, que é onde guardamos aquelas coisas que estamos continuamente a esquecer. Aliás, a sabedoria não é armazenada de maneira nenhuma; vem à mente e ao coração quando dela necessitamos, e não antes.

Contudo, mesmo que a procuremos, enganar-nos-emos de vez em quando, e era de esperar; mas vamos fazendo a experiência de que o mundo não vem abaixo por causa disso, e assim aprendemos a tomar as nossas próprias decisões e a viver com as consequências. E quando incidimos em algum erro, passamos a ter a capacidade de admiti-lo imediatamente e de retificar o nosso rumo.

E como saberemos que nos estamos afastando do ponto de equilíbrio e deixando de dar ouvidos à «sabedoria para conhecer a diferença»? É que, muito sutilmente, o ego vai-se apossando dos controles e nos leva a voar baixo e a perder velocidade. Mas temos um alarme que dispara nesses momentos: o *medo,* que nos avisa de que nos distanciamos do nosso Pai e voltamos a pretender dirigir nós mesmos o espetáculo.

Este alarme, no entanto, está longe de constituir um desastre em si mesmo. Pelo contrário, foi instalado em nós para ajudar-nos a evitar os desastres: se deixarmos o

Piloto reassumir os comandos, voltaremos à altitude de cruzeiro sem maiores problemas. Em outras palavras, as aparentes contradições que apontamos não devem causar-nos preocupação alguma, pois temos um sinal de alarme embutido que nos ajuda a manter o equilíbrio entre os extremos. Ou seja, não temos necessidade alguma de «conhecer as respostas» das contradições que apontávamos.

Outra forma de complicarmos as nossas vidas, além da tendência a *racionalizar* tudo, é a tendência ao *perfeccionismo* nos menores detalhes. O perfeccionista tende a exagerar o esforço, por exemplo trabalhando *habitualmente* nos fins de semana para «dar conta» do que tem que fazer. Isto só serve para complicar-nos, pois assim edificamos pressões internas absolutamente desnecessárias. Como vimos, a vida avança de uma situação não resolvida para outra, e a única constante é a mudança. Não chegará nunca um dia em que possamos anotar «resolvido» ao lado de cada problema que tenhamos, pois tão logo descartemos um, outro se apresentará diante de nós.

Será melhor que aceitemos este fato, que talvez nos surpreenda. Costumamos pensar que, se nos esforçarmos o suficiente, algum dia atravessaremos uma linha divisória e descobriremos que tudo está em ordem. Mas não é assim. Se tendemos ao perfeccionismo, temos de aprender a aceitar uma certa desordem nas pequenas coisas para que possa haver ordem nas maiores.

Uma terceira maneira de nos complicarmos é exigirmos demasiado de nós mesmos, *depositarmos em nós expectativas que não são razoáveis,* negando ou esquecendo a nossa humanidade. Também este método não funciona: tentemos o que tentarmos, façamos o que fizermos, a nossa humanidade continuará presente, e só nos sentiremos aliviados quando aceitarmos esta verdade e pararmos de nos levar demasiado a sério. Na verdade, se tivermos um pouco de senso de humor e estivermos abertos a uns momentos de distensão, basta que olhemos para nós mesmos; é perfeitamente defensável a tese segundo a qual somos os melhores comediantes que conhecemos...

Além disso, é preciso ter em conta que a vida não nos é concedida em prestações mensais ou anuais, mas somente em pequenas parcelas diárias de vinte e quatro horas cada uma, ou talvez até em parcelas de uma batida de coração por vez. Observamos diariamente esta realidade. Se já passamos dos vinte e cinco anos, teremos visto mais de um conhecido nosso, que não parecia sofrer de nenhum problema de saúde, deitar-se para não mais se levantar. Não há motivo algum para que o mesmo não aconteça conosco. O nosso Criador só projetou as nossas mentes para que fossem capazes de lidar com um dia de vida por vez: *O amanhã cuidará de si próprio*, afirma Cristo, que certamente sabia bastante sobre o que diz respeito a Deus.

Mas esses raciocínios parecem-nos demasiado simples. Queremos a todo o custo fixar de antemão o dia de amanhã e prender, por assim dizer, com grampos cada momento da próxima semana. O único resultado é que, em pouco tempo, o alarme interno — o medo com a ansiedade — dispara, porque estamos perdendo altitude e usando as nossas mentes fora das especificações do fabricante.

Ora, a imaginação — a capacidade de antecipar o futuro — foi-nos concedida para que a usássemos a fim de visualizar os nossos objetivos, de planejar os nossos progressos e de prever as nossas alegrias; mas nós, pensando que temos de viver por nossa própria conta, usamos e abusamos dessa maravilhosa potencialidade, transformando-a num palco em que encenamos as mais terríveis atrocidades, e acabamos por aterrorizar-nos a nós mesmos diante dos desastres potenciais. Outro tanto se poderia dizer da memória, esse impressionante banco de dados que nos permite ter acesso às lições que aprendemos e aos dias felizes que se foram, e de que nós fazemos mau uso, revivendo batalhas antigas e velhas tristezas que deveríamos ter superado há muito tempo.

A única realidade é, portanto, o «agora». E sempre que deslizamos de maneira errada para o futuro, usando mal a imaginação, ou reincidimos num passado negativo, usando mal a memória, estamos diminuindo o nosso contato com a realidade do agora. Seria muito melhor que guardássemos os nossos sonhos para a hora de dormir.

Se tivermos bem claros estes conceitos, manteremos a simplicidade. O mistério aparece-nos como contradição porque está previsto para ser mistério, e somente quando o aceitamos é que aprendemos a manter-nos afastados da obsessão por esgotar tudo e a limitar-nos a saber somente aquilo que precisamos saber. Aliás, é bem pouca coisa. À nossa volta acontecem inúmeros milagres sem necessidade da nossa contribuição; se nos exercitarmos em manter bem abertos os olhos da nossa alma e em ouvir com os nossos corações, descobriremos numa única jornada mágica suficiente para deixar espantado o próprio Mago de Oz. A vida em si, nós mesmos, os outros, são coisas inteiramente fascinantes, e a admiração diante delas não tem fim. Nunca encontraremos pessoa alguma que não tenha uma boa história para nos contar ou que não possa ensinar-nos algo novo. E assim a vida vai avante, mais cheia de interesse a cada passo; e assim vamos nós avante, vestindo a vida como uma veste folgada.

REPRISE:
«TOCA DE NOVO, SAM»

É meia-noite: hora das assombrações, em que os bruxos rondam as ruas e o vento lança chuva contra as vidraças. Hora de arrumarmos as nossas coisas e de irmos para casa; antes, porém, vamos repassar os pontos principais e lançar um olhar à nossa volta, para ver se não nos esquecemos de nada.

Em tudo o que vimos fazendo, há um lado bom e um lado mau. As más notícias consistem em que a mudança leva tempo. O progresso é lento e exige empenho diário durante uma vida inteira. Nunca teremos chegado ao fim, e com toda a certeza o avanço custa. Mas estas são as únicas notícias ruins. Se conseguirmos tragá-las, não haverá mais nada que consiga deter-nos: não há armadilhas ocultas nem uma ou outra cláusula em letra miúda que nos tenha escapado. É que, se não fosse assim, você e eu acabaríamos por ter nas mãos um produto que não corresponderia bem ao que queríamos. Ambos sabemos, por triste experiência, que as soluções «suaves» não funcionam: o plástico não resiste ao calor.

As boas notícias são que jamais se escreveu livro algum capaz de descrever o que sentimos, simplesmente porque há determinadas coisas — como a altitude das alturas, a cor do vento ou a felicidade humana — que nunca ninguém conseguiu nem conseguirá formular em palavras.

Há, no entanto, algumas coisas que, essas sim, podemos dizer: que o caminho se vai aplainando, que os milagres acontecem, que as coisas melhoram, que o único requisito é a disposição de ir avante, e por fim que nunca estamos sós nessa estrada.

Não está escrito em lugar algum que tenhamos que acertar sempre; e, se já esteve, aqueles que tentaram viver dessa forma afundaram-se há muitos anos sem deixar rastro. Não, o que temos de fazer é enfrentar a ação e fazer o melhor que podemos. Não precisamos saber como é que isso funciona, preocupar-nos e estar ansiosos, ou contemplar o nosso umbigo enquanto nos perguntamos para onde estamos indo. Para dizê-lo em duas palavras, se fizermos o que tem de ser feito, tudo funcionará muito bem apesar de nós. E não há nada de misterioso no assunto; basta que visitemos um aeroporto para nos convencermos disso.

Os aviões decolam e saem voando porque o respectivo piloto acelera o motor, deixa o avião ganhar velocidade na pista e depois imprime um determinado ângulo aos *ailerons*. Ao alcançar a velocidade de decolagem, a aeronave levanta voo naturalmente. Voa porque se tomaram determinadas medidas e porque obedece às leis inflexíveis da aerodinâmica. Pouco importa o que o piloto pensa a respeito do assunto, se tem ou deixa de ter fé na aerodinâmica, se compreende os princípios físicos envolvidos, se encara a decolagem com normalidade ou está muitíssimo preocupado com ela; pouco importa, também, se é bom sujeito ou se bate na mulher. Na verdade, uma vez que tenha feito o que devia fazer, o avião decolará, quer ele esteja presente, quer não. Simplesmente, não há outro resultado possível.

A nossa situação é idêntica. Há determinadas leis para a felicidade e para o crescimento, e se realizarmos determinadas ações, essas leis passarão a aplicar-se. Fazemos o que devemos fazer e crescemos em felicidade. Não há outro resultado possível.

Nós, todos e cada um de nós, somos gente muito importante. Não é simplesmente uma afirmação que inventamos para nos sentirmos bem; é algo ordenado por Deus. E temos de ter ideias muito claras a este respeito. Não é possível construir uma imagem saudável de nós mesmos sobre areia movediça. A nossa dignidade e a nossa importância dependem exclusivamente de sermos *filhos de Deus;* e, a não ser que nos esforcemos por interiorizar este valor central da nossa vida, continuaremos a não compreendê-lo e a não aceitá-lo, e ele não representará para nós mais do que uma amostra de retórica religiosa.

Ou seja, temos de pensar uma e outra vez nessa verdade, contemplá-la constantemente, e decidir sempre de novo se continuará a ser um dos piedosos lugares-comuns que usamos ou se passará a ser algo que *sabemos,* uma atitude. Se, porém, não nos conformarmos em profundidade com ela, e fizermos a nossa autoestima depender da posição de que desfrutamos na vida, das nossas supostas realizações ou da nossa capacidade de ganhar dinheiro, estaremos construindo em terreno muito pantanoso.

As circunstâncias podem mudar, e muitas vezes mudam mesmo: hoje faz sol, amanhã o céu desaba; e se fizermos o nosso apreço por nós mesmos depender dessas exterioridades, acabaremos por sentir-nos triturados no momento em que elas se vejam ameaçadas ou até suprimidas.

Mas se o nosso valor estiver colocado bem no nosso íntimo, nada nos poderá atingir. Dependeremos menos das lisonjas e manipulações alheias, e não poderemos ser comprados por preço algum. Estaremos fora da corrida, e cada vez sentiremos maior indiferença pelos resultados, pelas vitórias ou derrotas aparentes.

Quando o nosso ego nos faz correr atrás de umas quinquilharias de latão, o preço que temos de pagar é astronômico. Sentimo-nos como quem tem de escalar o Himalaia, arrebentando o nosso fígado para chegarmos ao topo e continuamente assediados pelo medo de perder o pé ou de ser ultrapassados por alguém. Sobrevivemos à base de lutar contra o mundo, resfolegando para conseguir superar todos os outros, e dormindo sempre com um olho aberto a fim de vigiar se a nossa *performance* continua satisfatória. Não é impossível que consigamos subir à base de chutar e de arranhar os outros de maneira suficientemente impiedosa; muitas pessoas o fazem. Mas não é um bom modo de nos sentirmos à vontade, porque cedo ou tarde haveremos de encontrar alguém que saiba chutar ou arranhar mais duro.

Que significa isto? Temos então de deixar de lado o sucesso e a realização humanas, na medida em que essas coisas existem? Não. Significa simplesmente que temos fazer o melhor que podemos, parar de nos preocuparmos a respeito dos resultados, e deixar que Deus conduza a nossa vida aonde Ele bem quiser, o que Ele fará mediante a sua decisão infinitamente sábia e tomada em vista dos nossos melhores interesses.

Ao mesmo tempo, seria um grande erro pensar que todas as pessoas que se deram bem na vida fizeram sucesso de maneira desonesta. E seria um erro maior ainda pensar que quem vive uma vida de silenciosa obscuridade não é gente que voe alto ou não seja bem-sucedida. Encontraremos pessoas de primeira grandeza nos palácios dos ricos e nas choupanas dos pobres. E encontraremos pessoas muito tristes e desorientadas tanto nuns lugares como nos outros, e a meio caminho também.

Refundamentar a nossa autoestima em valores internos implica rasgar em pedaços o pensamento convencional do mundo, para fazermos a nossa própria experiência. Boa parte da propaganda baseia-se na psicologia da avareza, da insegurança e da imaturidade humanas: «Dirija esse carro, beba tal uísque, more neste conjunto habitacional, e você será alguém». E também as instituições financeiras fazem excelentes negócios nessa base: «Assine aqui e nós o ajudaremos a adquirir o capital necessário para ser um homem de peso». De cada vez que abrimos um jornal ou assistimos à televisão, vemo-nos submersos nessa propaganda sutil, subliminar, constante e suave, e é necessária muita maturidade para reconhecer a mentira de fundo que está por trás dela e dar um pontapé em todo o sistema. Mas é exatamente disso que vimos falando: ou somos nós que determinamos os nossos valores, ou será o pessoal da propaganda que o fará por nós; e se deixarmos que sejam estes, acabaremos por sentir-nos muitíssimo desconfortáveis sem nunca sabermos por quê.

Também pode ser que tenhamos saído do outro lado desse mesmo túnel, e que nos sintamos culpados ou indignos por termos uns quantos brinquedinhos desses e por gostarmos da brincadeira. Ora, não há mal nenhum em sermos pessoas de gostos «simples»: só do bom e do melhor... É que na verdade pouco importa se temos uma Ferrari ou um fusca no estábulo; o que importa é se dirigimos o carro ou se é ele que nos dirige. A única coisa essencial é que reconheçamos quais são as coisas essenciais e quais não.

A serenidade, mais do que tudo, significa aprender a lidar com as impertinentes ferroadas da vida diária. Por alguma razão, a maioria de nós mostra-se à altura de grandes tensões; é perfeitamente possível que, se a casa pega fogo, sejamos nós os únicos a manter a cabeça fria. Mas quando o cadarço do sapato rebenta, desmoronamos. A resposta para isto encontra-se em tornarmos nossa a *oração da serenidade* e em ponderarmos habitualmente os inúmeros sentidos ocultos dos acontecimentos. É apenas uma opinião pessoal, e nada mais, mas tenho para mim que quem sabe o Pai-Nosso e a oração da serenidade já sabe tudo o que é necessário.

Na medida em que progredirmos, aprenderemos a reduzir a velocidade, a sentar-nos e esperar, a adiar as satisfações pessoais e a deixar que as coisas aconteçam. Fritz Perls expressou-o muito bem: «Não apresse o rio; ele flui por si». Há um ritmo e há um tempo. E isto não se compreende intelectualmente. Se tentarmos fazê-lo, é provável que descubramos inúmeras razões ótimas e suficientes para fazer dez coisas contraditórias ao mesmo tempo. Deixe acontecer. Fique fora do seu próprio brilho.

E, principalmente, deixemos de falar de nervos, de preocupações e de depressão, porque isso é viver no problema. Falemos de paz, de felicidade, e das pequenas curiosidades da vida. E isso é viver na solução.

De que se trata? Trata-se principalmente de desfrutar da vida, de estarmos felizes por estarmos vivos, de exultarmos com coisas pequenas, de nos sentirmos confortáveis na nossa própria companhia, de estarmos felizes por termos podido presenciar este dia — qualquer dia. Trata-se de acordar de manhã com uma sensação de entusiasmo, com uma certa nostalgia do futuro, sabendo que o melhor está por vir. Trata-se de despender pelos outros, às pazadas, o que ganhamos, e de descobrir que acabamos tendo mais do que quando começamos. Trata-se de lermos e de escrevermos este livro juntos pelo resto das nossas vidas e de pestanejarmos com surpresa quando as nossas próprias palavras saltarem para fora da página e nos morderem. Trata-se de saber que não avançamos tão bem como sabemos dizê-lo, e que mesmo isso pouco importa enquanto estivermos tentando.

Paz de espírito? Não conseguiria dizer por escrito o que é; talvez só um poeta fosse capaz de tentar. Mas há um teste que podemos aplicar-nos. Podemos tentar viver cada minuto das nossas vidas de tal maneira que, no momento em que o velho da foice nos der umas pancadinhas no ombro e disser: «Estamos decolando daqui a cinco segundos», sejamos capazes de virar-nos, de olhá-lo nos olhos e de responder sem o menor tremor: «OK, meu velho, vamos embora!»

Direção geral
Renata Ferlin Sugai

Direção editorial
Hugo Langone

Produção editorial
Juliana Amato
Gabriela Haeitmann
Ronaldo Vasconcelos
Daniel Araújo

Capa
Provazi Design

Diagramação
Sérgio Ramalho

ESTE LIVRO ACABOU DE SE IMPRIMI
A 31 DE AGOSTO DE 2023,
EM PAPEL OFFSET 75 g/m².